中华人民共和国
合伙企业法
注解与配套

第六版

中国法制出版社
CHINA LEGAL PUBLISHING HOUSE

图书在版编目（CIP）数据

中华人民共和国合伙企业法注解与配套／中国法制出版社编.—北京：中国法制出版社，2023.9
（法律注解与配套丛书）
ISBN 978-7-5216-3706-9

Ⅰ.①中… Ⅱ.①中… Ⅲ.①合营企业-企业法-法律解释-中国 Ⅳ.①D922.291.915

中国国家版本馆CIP数据核字（2023）第118873号

策划编辑：袁笋冰　　　　责任编辑：张　僚　　　　封面设计：杨泽江

中华人民共和国合伙企业法注解与配套
ZHONGHUA RENMIN GONGHEGUO HEHUO QIYEFA ZHUJIE YU PEITAO

经销/新华书店
印刷/三河市紫恒印装有限公司
开本/850毫米×1168毫米　32开　　　　　　　　　　印张/7.75　字数/184千
版次/2023年9月第1版　　　　　　　　　　　　　　　2023年9月第1次印刷

中国法制出版社出版
书号 ISBN 978-7-5216-3706-9　　　　　　　　　　　　定价：20.00元

北京市西城区西便门西里甲16号西便门办公区
邮政编码：100053　　　　　　　　　　　　　　传真：010-63141600
网址：http://www.zgfzs.com　　　　　　　　编辑部电话：010-63141663
市场营销部电话：010-63141612　　　　　　　印务部电话：010-63141606

（如有印装质量问题，请与本社印务部联系。）

出版说明

中国法制出版社一直致力于出版适合大众需求的法律图书。为了帮助读者准确理解与适用法律，我社于2008年9月推出"法律注解与配套丛书"，深受广大读者的认同与喜爱，此后推出的第二、三、四、五版也持续热销。为了更好地服务读者，及时反映国家最新立法动态及法律文件的多次清理结果，我社决定推出"法律注解与配套丛书"(第六版)。

本丛书具有以下特点：

1. 由相关领域的具有丰富实践经验和学术素养的法律专业人士撰写适用导引，对相关法律领域作提纲挈领的说明，重点提示立法动态及适用重点、难点。

2. 对主体法中的重点法条及专业术语进行注解，帮助读者把握立法精神，理解条文含义。

3. 根据司法实践提炼疑难问题，由相关专家运用法律规定及原理进行权威解答。

4. 在主体法律文件之后择要收录与其实施相关的配套规定，便于读者查找、应用。

此外，为了凸显丛书简约、实用的特色，分册根据需要附上实用图表、办事流程等，方便读者查阅使用。

真诚希望本丛书的出版能给您在法律的应用上带来帮助和便利，同时也恳请广大读者对书中存在的不足之处提出批评和建议。

中国法制出版社
2023年9月

适 用 导 引

《合伙企业法》[①]自1997年8月1日起施行以来,对于确立合伙企业的法律地位,规范合伙企业的设立与经营,保护合伙企业及其合伙人的合法权益,发挥了积极作用。但是,随着社会主义市场经济体制的逐步完善,经济社会中出现了一些新的情况和问题,需要在法律中有所体现。2006年8月27日第十届全国人大常委会第23次会议审议通过了《中华人民共和国合伙企业法(修订案)》。修订后的《合伙企业法》于2007年6月1日起施行。

一、合伙人的范围

《合伙企业法》第二条明确规定,本法所称合伙企业,是指自然人、法人和其他组织依照本法在中国境内设立的普通合伙企业和有限合伙企业。合伙企业中的合伙人分为两类:普通合伙人和有限合伙人,普通合伙人依法对合伙企业债务承担无限连带责任,有限合伙人依法对合伙企业债务以其认缴的出资额为限承担有限责任。虽然所有的市场主体都可以参与设立合伙企业,成为合伙人,但对于一些特殊的市场主体来说,如果让其成为合伙企业的普通合伙人,对合伙企业债务承担无限连带责任,不利于保护国有资产和上市公司利益以及公共利益。因此,本法对一些特定市场主体成为普通合伙人作出了限制性规定。本法第三条明确规定,国有独资公司、国有企业、上市公司以及公益性的事业单位、社会团体不得成为普通合伙人。按照这一规定,上述组织只能参与设立有限合伙企业成为有限合伙人,而不得成为普通

[①] 为便于阅读,本书中相关法律文件标题中的"中华人民共和国"字样都予以省略。

合伙人。

二、合伙企业缴纳所得税

对合伙企业的经营所得和其他所得不征收所得税，只对合伙人从合伙企业取得的收入征收所得税，是国际上的普遍做法，也是合伙企业同公司等其他企业组织形式相比具有吸引力的地方。我国在实践中对合伙企业也是不征收企业所得税的。在《合伙企业法》的修订过程中，根据合伙企业的特点，并结合实践经验，对合伙企业是否缴纳所得税问题予以明确。本法第六条明确规定，合伙企业的生产经营所得和其他所得，按照国家有关税收规定，由合伙人分别缴纳所得税。

三、有限合伙企业

有限合伙是由普通合伙发展而来的一种合伙形式。二者的主要区别是，普通合伙的全体合伙人（普通合伙人）负责合伙的经营管理，并对合伙债务承担无限连带责任。有限合伙由两种合伙人组成，一是普通合伙人，负责合伙的经营管理，并对合伙债务承担无限连带责任；二是有限合伙人，通常不负责合伙的经营管理，仅以其出资额为限对合伙债务承担有限责任。有限合伙融合了普通合伙和公司的优点。与公司相比，普通合伙人直接从事合伙的经营管理，使合伙的组织结构简单，节省管理费用和运营成本；普通合伙人对合伙要承担无限连带责任，可以促使其对合伙企业的管理尽职尽责。与普通合伙相比，允许投资者以承担有限责任的方式参加合伙成为有限合伙人，解除了投资者承担无限连带责任的后顾之忧，有利于吸引投资。

四、特殊的普通合伙

普通合伙作为一种传统的组织形式，其基本特点是合伙人共同出资、共同经营、共享收益、共担风险，合伙人对合伙债务承担无限连带责任。很多会计师事务所、律师事务所等专业服务机构采用这种组织形式。随着社会对各项专业服务需求的迅速增长，专业服务机构的规模扩大，合伙人人数大量增加，以至于合伙人之间并不熟悉甚至不认识，各自的业务也不重合，与传统普通合伙中合伙人人数较少，共同经营的模式已有不同，因而让合伙人对其并不熟悉的合伙债务承担无限连带责任，有失公平。自20世纪60年代以后，针对专业服务机构的诉讼显著增加，其合伙人要求合理规范合伙人责任的呼声也越来越高。

为了减轻专业服务机构中普通合伙人的风险，促进专业服务机构的发展壮大，本法在普通合伙企业一章中以专节"特殊的普通合伙企业"对专业服务机构中合伙人的责任作出了特别规定。

五、外国企业或者个人在中国境内设立合伙企业

随着对外开放的扩大，外国企业或者个人也可能在我国境内设立或者参与设立合伙企业。对于外国企业或者个人在中国境内设立合伙企业，我国法律是允许的；外国企业或者个人在中国境内设立合伙企业，也应遵守本法的规定。同时，合伙企业的特征是普通合伙人对合伙企业债务承担无限连带责任，在中国的外国企业或者个人因其财产主要在国外，难以追偿，因此这些合伙人承担无限连带责任往往落空，不利于保护债权人的利益。因此，对外国企业或者个人在我国境内设立的合伙企业应加以规范，进行必要的管理。本法对此专门作出规定，并授权国务院制定具体管理办法，附则明确规定，外国企业或者个人在中国境内设立合伙企业的管理办法由国务院规定。

目　　录

适用导引 …………………………………………… *1*

中华人民共和国合伙企业法

第一章　总　　则

第一条　【立法目的】 ………………………………… 2
第二条　【调整范围】 ………………………………… 2
 1. 普通合伙企业的合伙人如何承担责任？ ……………… 3
 2. 有限合伙企业的普通合伙人如何承担责任？ ………… 4
 3. 有限合伙企业的有限合伙人如何承担责任？ ………… 4
 4. 合伙企业与公司有哪些异同？ ………………………… 5
第三条　【不得成为普通合伙人的主体】 …………… 6
第四条　【合伙协议】 ………………………………… 7
 5. 合伙企业成立之后，对合伙协议所作的修改或补充
  是否也需要全体合伙人一致同意？ …………………… 7
第五条　【自愿、平等、公平、诚实信用原则】 …… 8
第六条　【所得税的缴纳】 …………………………… 8
 6. 个人独资企业合伙人、合伙企业合伙人是否缴纳所
  得税？ …………………………………………………… 9
第七条　【合伙企业及其合伙人的义务】 …………… 9
第八条　【合伙企业及其合伙人的合法财产及其权益
  受法律保护】 ………………………………… 9

第 九 条 【申请设立应提交的文件】 ············· 9

第 十 条 【登记程序】 ·················· 11

第 十 一 条 【成立日期】 ·················· 12

 7. 合伙企业领取营业执照之前，以合伙企业名义从事合伙业务是否有效？ ················· 13

第 十 二 条 【设立分支机构】 ··············· 13

第 十 三 条 【变更登记】 ·················· 13

第二章 普通合伙企业

第一节 合伙企业设立

第 十 四 条 【设立合伙企业应具备的条件】 ······· 14

第 十 五 条 【名称】 ···················· 16

第 十 六 条 【出资方式】 ·················· 16

第 十 七 条 【出资义务的履行】 ············· 18

第 十 八 条 【合伙协议的内容】 ············· 19

 8. 合伙协议能否约定普通合伙人对外转让财产份额无须经其他合伙人一致同意？ ············ 20

第 十 九 条 【合伙协议生效、效力和修改、补充】 ········ 20

第二节 合伙企业财产

第 二 十 条 【合伙企业财产构成】 ············ 22

第二十一条 【在合伙企业清算前不得请求分割合伙企业财产】 ···················· 23

第二十二条 【转让合伙企业中的财产份额】 ······· 24

 9. 合伙协议约定合伙人之间转让合伙企业全部或者部分财产份额也应取得其他合伙人的一致同意的，是否有效？ ···················· 24

10. 普通合伙人对内转让财产份额，如何处理2个或超过2个的其他合伙人都要求受让的问题？ …………… 25
11. 普通合伙企业的合伙人之间转让财产份额，财产份额的转让变动何时生效？ …………………………… 25
12. 合伙人以向其他合伙人转让其在合伙企业中的财产份额为名、行向合伙人以外的人转让财产份额为实，转让协议效力如何？ ……………………………… 25
13. 在普通合伙企业的合伙协议未作特别约定的情况下，如果合伙人准备向合伙人以外的人转让其在合伙企业中的财产份额，但不能取得其他合伙人的一致同意，应当如何处理？ …………………… 26
14. 在普通合伙人向其他普通合伙人转让或经其他合伙人一致同意向合伙人以外的人转让其在普通合伙企业中的全部财产份额后，是否应当就其作为普通合伙人期间合伙企业的债务承担责任？ …… 26
15. 自然人合伙人转让其在合伙企业中的财产份额是否需要取得配偶的同意？ …………………………… 26
16. 普通合伙人死亡，其继承人继承其财产份额，是否适用本条普通合伙人对外转让财产份额的规定？ …… 27

第二十三条 【优先购买权】 ………………………………… 28
17. 如何理解其他合伙人的优先购买权？ ……………………… 28
18. 在没有另外约定的情况下，合伙人未经其他合伙人一致同意并放弃优先购买权，与合伙人以外的人签订的财产份额转让协议，其效力如何？ ……… 29
19. 在没有另外约定的情况下，合伙人未经其他合伙人一致同意并放弃优先购买权，与合伙人以外的人订立的财产份额转让协议如何履行？ ……………… 29

3

20. 未经其他合伙人一致同意并放弃优先购买权，向合伙人以外的人转让财产份额并已完成变更登记的如何处理？ ········ 29

第二十四条　【受让人成为合伙人】 ············ 30

21. 合伙人以外的人通过受让合伙人在普通合伙企业中的财产份额而成为该普通合伙企业的合伙人的时间如何确定？ ······················· 31

22. 合伙人转让其全部财产份额与退伙有何异同，非合伙人通过受让财产份额成为合伙人与入伙有何异同？ ······························· 31

23. 成为合伙企业的合伙人的方式有哪些？ ········ 32

第二十五条　【以合伙企业财产份额出质】 ············ 32

24. 普通合伙人未经其他合伙人一致同意将其在普通合伙企业中的财产份额出质的行为的效力如何？ ········ 33

25. 在接受普通合伙企业的合伙人以其在合伙企业中的财产份额提供的质押担保时，第三人是否有义务确认出质行为已经取得其他合伙人的一致同意？ ····· 33

26. 普通合伙人未经其他合伙人一致同意的出质行为无效的法律后果？ ···················· 33

第三节　合伙事务执行

第二十六条　【合伙事务的执行】 ············ 34

27. "代表合伙企业"与"执行合伙事务"是什么关系？ ································· 35

28. 什么是执行事务合伙人？ ············· 35

29. 普通合伙企业的执行事务合伙人是否可以要求合伙企业向其支付报酬？ ············· 36

第二十七条　【不执行合伙事务的合伙人的监督权】 ········ 36

| 第二十八条 | 【执行事务合伙人的报告义务、权利义务承担及合伙人查阅财务资料权】 | 37 |

30. 普通合伙企业中享有查阅权的主体有哪些? ········ 38
31. 合伙人行使查阅权是否需要说明目的? ············ 38
32. 合伙人行使查阅权有次数限制吗? ················ 38
33. 普通合伙企业的合伙人是否享有法定复制权? ······ 38

第二十九条	【提出异议权和撤销委托权】	39
第 三 十 条	【合伙企业有关事项的表决办法】	40
第三十一条	【须经全体合伙人一致同意的事项】	40
第三十二条	【竞业禁止和限制合伙人同本合伙企业交易】	42
第三十三条	【利润分配和亏损分担】	42
第三十四条	【增加或减少对合伙企业的出资】	43

34. 合伙企业增加出资,合伙人是否享有优先认缴新增出资的权利? ································ 43

| 第三十五条 | 【经营管理人员】 | 44 |

35. 如何认定合伙企业的经营管理人员的职务行为的效力? ·· 44

| 第三十六条 | 【财务、会计制度】 | 45 |

第四节 合伙企业与第三人关系

| 第三十七条 | 【保护善意第三人】 | 45 |
| 第三十八条 | 【合伙企业对其债务先以其全部财产进行清偿】 | 46 |

36. 在合伙企业以其全部财产对其债务进行清偿前,合伙人可否先以其自有财产对合伙企业的债务进行清偿? ······································ 46

| 第三十九条 | 【无限连带责任】 | 46 |

37. 使用个人独资企业营业执照，但实际以合伙方式经营企业的，如何认定企业的性质及责任承担？ ……… 47
38. 当合伙企业的财产不足以清偿全部债务时，各合伙人是否应与合伙企业一起承担连带清偿责任？ ……… 47

第 四 十 条　【追偿权】 ……………………………… 47
39. 普通合伙人向其他合伙人行使追偿权的条件？ …… 48

第四十一条　【相关债权人抵销权和代位权的限制】 ……… 48
40. 如何界定"与合伙企业无关的债务"以及"与合伙企业有关的债务"？ ……………………………… 49

第四十二条　【以合伙企业中的财产份额偿还债务】 ……… 49
41. 在人民法院强制执行普通合伙人的财产份额时，其他普通合伙人如何行使优先购买权？ …………… 50

第五节　入伙、退伙

第四十三条　【入伙】 ………………………………… 51
42. 如何确定新入伙的人取得的合伙人资格的时间？ … 52

第四十四条　【新合伙人的权利、责任】 ……………… 53
第四十五条　【约定合伙期限的退伙】 ……………… 54
43. 在合伙企业清算开始之后、清算结束之前，合伙人是否可以退伙？ ………………………………… 54

第四十六条　【未约定合伙期限的退伙】 ……………… 55
44. 如何判断"不给合伙企业事务的执行造成不利影响"？ ……………………………………………… 55
45. 如果合伙人的退伙会给合伙事务的执行造成不利影响，该合伙人可以退伙吗？ ……………………… 56

第四十七条　【违规退伙的法律责任】 ……………… 56
第四十八条　【当然退伙】 …………………………… 56

46. 普通合伙人因不再具有完全民事行为能力而转为有限合伙人之后，对合伙企业的债务承担什么样的责任？ ·········· 58
47. 普通合伙企业转变为有限合伙企业，原普通合伙企业与转变后的有限合伙企业是否属于同一主体、原普通合伙企业的权利义务是否由转变后的有限合伙企业承继？ ·········· 58
48. 合伙人当然退伙会产生哪些法律效力？ ·········· 59

第四十九条　【除名退伙】 ·········· 59
第 五十 条　【合伙人死亡时财产份额的继承】 ·········· 61

49. 自然人合伙人死亡，其合法继承人取得合伙人资格的条件是什么？ ·········· 61
50. 普通合伙人死亡，其继承人有多人时，如何继承取得合伙人资格？ ·········· 62
51. 如何理解死亡自然人合伙人夫妻共同财产的分割和遗产的继承的关系？ ·········· 62
52. 普通合伙企业应当向死亡的自然人合伙人的继承人退还财产份额的情形有哪些？ ·········· 63
53. 死亡自然人合伙人的继承人不具有完全民事行为能力时如何处理？ ·········· 64

第五十一条　【退伙结算】 ·········· 64

54. 普通合伙人退伙时，哪些情形属于"扣减其应当赔偿的数额"？ ·········· 65

第五十二条　【退伙人财产份额的退还办法】 ·········· 66
第五十三条　【退伙人对退伙前企业债务的责任】 ·········· 66

55. 本条所说的"其退伙前的原因"，是指退伙合伙人退伙之前的原因，还是指退伙前该退伙人的原因？ ······ 67

第五十四条　【退伙时分担亏损】 ·········· 67

第六节　特殊的普通合伙企业

第五十五条　【特殊普通合伙企业的设立】 ·············· 68
第五十六条　【名称】 ································ 68
第五十七条　【责任形式】 ···························· 68
第五十八条　【合伙人过错的赔偿责任】 ················ 69
第五十九条　【执业风险基金和职业保险】 ·············· 69

第三章　有限合伙企业

第 六 十 条　【有限合伙企业的法律适用】 ············· 70
第六十一条　【合伙人人数以及要求】 ·················· 71
第六十二条　【名称】 ································ 72
第六十三条　【合伙协议内容】 ························ 72
第六十四条　【出资方式】 ···························· 73
第六十五条　【出资义务的履行】 ······················ 73

56. 有限合伙人未按照合伙协议的约定按期足额缴纳出资的，有限合伙企业请求该有限合伙人补缴的，是否适用诉讼时效制度？ ···························· 74

57. 有限合伙人未按期足额缴纳出资应当承担什么责任？ ·· 74

第六十六条　【登记事项】 ···························· 75
第六十七条　【合伙事务执行】 ························ 75

58. 在有限合伙企业有数个普通合伙人时，如何确定执行事务合伙人？ ······························ 75

59. 在有限合伙企业只有一名普通合伙人时，能否协议约定其他有限合伙人为执行事务合伙人？ ········ 75

60. 有限合伙企业的普通合伙人作为执行事务合伙人能否要求在合伙协议中确定执行事务的报酬？ ······ 76

第六十八条　【合伙事务执行禁止】 …………………… 76
61. 在有限合伙企业中，执行事务合伙人怠于行使诉讼权利，不执行合伙事务的有限合伙人能否以自己的名义起诉？ ………………………………… 77
第六十九条　【利润分配】 ……………………………… 77
第 七 十 条　【有限合伙人与本有限合伙企业交易】 …… 78
第七十一条　【有限合伙人经营与本有限合伙企业相竞争业务】 ………………………………… 78
第七十二条　【有限合伙人财产份额的出质】 ………… 78
第七十三条　【有限合伙人财产份额对外转让】 ……… 79
62. 有限合伙人向合伙人以外的人转让财产份额时，其他合伙人是否享有优先购买权？ ………… 79
第七十四条　【有限合伙人以合伙企业中的财产份额偿还债务】 …………………………………… 80
63. 在人民法院强制执行有限合伙人的财产份额时，其他合伙人除了行使优先购买权以外，能否通过其他方式阻止有限合伙人的财产份额被强制执行？ …… 81
64. 有限合伙企业的普通合伙人在合伙企业中的财产份额被强制执行，其他普通合伙人是否享有阻断强制执行转让程序的权利？ ………………… 82
65. 有限合伙企业的普通合伙人在合伙企业中的财产份额被强制执行，其他有限合伙人是否享有阻断强制执行转让程序的权利？ ………………… 82
第七十五条　【合伙人结构变化时的处理】 …………… 83
66. 合伙企业能否变更为或改制为公司制企业？ …… 84
第七十六条　【表见代理及无权代理】 ………………… 84
第七十七条　【新入伙有限合伙人的责任】 …………… 85
第七十八条　【有限合伙人当然退伙】 ………………… 85

67. 有限合伙人个人丧失偿债能力，是否属于当然退伙的事由？ ······················· 86

第七十九条　【有限合伙人丧失民事行为能力时不得被退伙】 ························· 86

第 八 十 条　【有限合伙人死亡或者终止时的资格继受】 ··· 87

68. 法人或非法人组织有限合伙人终止后其权利承受人能否取得其合伙人资格？ ··············· 87

第八十一条　【有限合伙人退伙后的责任承担】 ······ 88

第八十二条　【合伙人类型转变】 ················ 88

第八十三条　【有限合伙人转变为普通合伙人的债务承担】 ····························· 89

第八十四条　【普通合伙人转变为有限合伙人的债务承担】 ····························· 90

第四章　合伙企业解散、清算

第八十五条　【解散的情形】 ··················· 90

69. 全体合伙人决定解散合伙企业是否需要具体原因？ ····· 91

70. 如何认定"合伙目的已经实现"或者"合伙目的已经无法实现"？ ·························· 91

第八十六条　【清算】 ························ 91

第八十七条　【清算人在清算期间所执行的事务】 ······ 92

第八十八条　【债权申报】 ····················· 92

71. 在合伙企业清算的情形下，清算人是否需要通知合伙企业的债务人？ ······················· 93

72. 合伙企业在清算期间是否仍然具有相应的主体资格？ ··· 93

73. 合伙企业在清算期间开展的与清算无关的经营活动是否无效？ ·························· 94

第八十九条　【清偿顺序】 ····················· 94

第九十条	【注销】	95
第九十一条	【注销后原普通合伙人的责任】	95
第九十二条	【破产】	95

第五章　法律责任

第九十三条	【骗取企业登记的法律责任】	96
第九十四条	【名称中未标明法定字样的法律责任】	96
第九十五条	【未领取营业执照，擅自从事合伙业务及未依法办理变更登记的法律责任】	96
第九十六条	【侵占合伙企业财产的法律责任】	97
第九十七条	【擅自处理合伙事务的法律责任】	97
第九十八条	【擅自执行合伙事务的法律责任】	97
第九十九条	【违反竞业禁止或与本合伙企业进行交易的规定的法律责任】	97
第一百条	【未依法报送清算报告的法律责任】	97
第一百零一条	【清算人执行清算事务时牟取非法收入或侵占合伙企业财产的法律责任】	97
第一百零二条	【清算人违法隐匿、转移合伙企业财产，对资产负债表或者财产清单作虚伪记载，或者在未清偿债务前分配财产的法律责任】	98
第一百零三条	【合伙人违反合伙协议的法律责任及争议解决方式】	98
第一百零四条	【行政管理机关工作人员滥用职权、徇私舞弊、收受贿赂、侵害合伙企业合法权益的法律责任】	98
第一百零五条	【刑事责任】	98

第一百零六条 【民事赔偿责任和罚款、罚金的承担顺序】 ·················· 98

第六章 附 则

第一百零七条 【非企业专业服务机构采取合伙制的法律适用】 ·················· 98

第一百零八条 【外国企业或个人在中国境内设立合伙企业的管理办法的制定】 ·················· 99

第一百零九条 【实施日期】 ·················· 99

配 套 法 规

中华人民共和国民法典（节录） ·················· 100
　（2020年5月28日）
中华人民共和国市场主体登记管理条例 ·················· 110
　（2021年7月27日）
中华人民共和国市场主体登记管理条例实施细则 ·················· 121
　（2022年3月1日）
企业名称登记管理规定 ·················· 140
　（2020年12月28日）
企业名称登记管理规定实施办法 ·················· 144
　（2023年8月29日）
有限合伙企业国有权益登记暂行规定 ·················· 156
　（2020年1月3日）
国务院关于个人独资企业和合伙企业征收所得税问题的通知 ·················· 158
　（2000年6月20日）

财政部、国家税务总局关于个人独资企业和合伙企业
　　投资者征收个人所得税的规定 ………………… 158
　　（2000年9月19日）
财政部、国家税务总局关于调整个体工商户个人独资
　　企业和合伙企业个人所得税税前扣除标准有关问题
　　的通知 …………………………………………… 164
　　（2008年6月3日）
财政部、国家税务总局关于合伙企业合伙人所得税问
　　题的通知 ………………………………………… 166
　　（2008年12月23日）
中华人民共和国企业破产法 ………………………… 167
　　（2006年8月27日）
最高人民法院关于适用《中华人民共和国企业破产法》
　　若干问题的规定（一） ………………………… 193
　　（2011年9月9日）
最高人民法院关于适用《中华人民共和国企业破产法》
　　若干问题的规定（二） ………………………… 195
　　（2020年12月29日）
最高人民法院关于适用《中华人民共和国企业破产法》
　　若干问题的规定（三） ………………………… 206
　　（2020年12月29日）
私募投资基金监督管理条例 ………………………… 211
　　（2023年7月3日）

中华人民共和国合伙企业法

(1997年2月23日第八届全国人民代表大会常务委员会第二十四次会议通过　2006年8月27日第十届全国人民代表大会常务委员会第二十三次会议修订　2006年8月27日中华人民共和国主席令第55号公布　自2007年6月1日起施行)

目　　录

第一章　总　　则
第二章　普通合伙企业
　第一节　合伙企业设立
　第二节　合伙企业财产
　第三节　合伙事务执行
　第四节　合伙企业与第三人关系
　第五节　入伙、退伙
　第六节　特殊的普通合伙企业
第三章　有限合伙企业
第四章　合伙企业解散、清算
第五章　法律责任
第六章　附　　则

第一章 总 则

第一条 【立法目的】[①] 为了规范合伙企业的行为，保护合伙企业及其合伙人、债权人的合法权益，维护社会经济秩序，促进社会主义市场经济的发展，制定本法。

注解

本条是关于《合伙企业法》立法目的的规定。根据本条的规定，《合伙企业法》的立法目的有六个：一是，规范合伙企业的行为；二是，保护合伙企业的合法权益；三是，保护合伙人的合法权益；四是，保护合伙企业的债权人的合法权益；五是，维护社会经济秩序；六是，促进社会主义市场经济的发展。

需要注意的是，从文义解释上来讲，本条中是在紧接着"合伙企业及其"之后使用"合伙人""债权人"的表述的，因此，本条所说的"债权人"，指的是合伙企业的债权人，不包括合伙人的债权人。不过，本法第41条、第42条和第74条所说的"债权人"，指的则是合伙人的债权人。

第二条 【调整范围】 本法所称合伙企业，是指自然人、法人和其他组织依照本法在中国境内设立的普通合伙企业和有限合伙企业。

普通合伙企业由普通合伙人组成，合伙人对合伙企业债务承担无限连带责任。本法对普通合伙人承担责任的形式有特别规定的，从其规定。

有限合伙企业由普通合伙人和有限合伙人组成，普通合伙人对合伙企业债务承担无限连带责任，有限合伙人以其认缴的出资额为限对合伙企业债务承担责任。

[①] 条文主旨为编者所加，下同。

注解

本条是关于合伙企业的定义，普通合伙企业的定义及其合伙人的责任形式，有限合伙企业的定义及其合伙人的责任形式的规定。

[合伙企业的定义和类型]

本条第1款规定了合伙企业的定义，即"自然人、法人和其他组织依照本法在中国境内设立的普通合伙企业和有限合伙企业"。根据《民法典》第102条的规定，合伙企业属于民事主体中的非法人组织，是不具有法人资格，但是能够依法以自己的名义从事民事活动的组织。合伙企业只有普通合伙企业和有限合伙企业这两种类型，普通合伙企业还包括特殊的普通合伙企业。

合伙企业的设立主体包括自然人、法人、其他组织。"自然人"既包括中国籍自然人，又包括非中国籍自然人。结合《民法典》关于法人的规定，本条所说的"法人"，既包括企业法人等营利法人，又包括事业单位法人等非营利法人，还包括机关法人等特别法人。"其他组织"，亦即《民法典》所说的"非法人组织"，主要指律师事务所、合伙制的会计师事务所、合伙制的评估师事务所等。

应用

1. 普通合伙企业的合伙人如何承担责任？

普通合伙企业只包含普通合伙人，不包含有限合伙人；普通合伙人承担责任的形式，以对合伙企业的债务承担无限连带责任为原则，以不承担无限连带责任为例外。这一例外情形由《合伙企业法》第57条予以规定。

值得注意的是，本条第2款所说的"无限连带责任"，包含了两层含义：一是无限责任；二是连带责任。

所谓的无限责任、有限责任，指的是责任主体需要用于承担责任的财产是有限的还是无限的，如果仅限于该责任主体的部分财产（比如对应于其所认缴的出资额或认购的股份的财产），则属于有限责任；如果需要以该责任主体现有的以及将来能够取得的全部财产承担责任，则属于无限责任。

关于连带责任，《民法典》第178条第1款规定了"二人以上依法承担连带责任的，权利人有权请求部分或者全部连带责任人承担责任"。普通合伙企业的债权人可以只要求某个普通合伙人清偿合伙企业未能清偿的全部债务，也可以要求某几个普通合伙人或全部普通合伙人共同清偿合伙企业未能清偿的全部债务；并且，在要求某几个普通合伙人或全部普通合伙人共同清偿合伙企业未能清偿的全部债务时，债权人可以指定每个合伙人向其清偿的比例或数额。

2. 有限合伙企业的普通合伙人如何承担责任？

本条第3款规定，有限合伙企业由普通合伙人和有限合伙人组成，普通合伙人对合伙企业债务承担无限连带责任，有限合伙人以其认缴的出资额为限对合伙企业债务承担责任。本法第39条规定，合伙企业不能清偿到期债务的，合伙人承担无限连带责任。因此，从文义上看，作为有限合伙企业的普通合伙人，是应当对有限合伙企业的债务承担无限连带责任的。但是，结合本法第38条"合伙企业对其债务，应先以其全部财产进行清偿"的表述，第39条"合伙企业不能清偿到期债务的，合伙人承担无限连带责任"的表述，第92条第1款"合伙企业不能清偿到期债务的，债权人可以依法向人民法院提出破产清算申请，也可以要求普通合伙人清偿"的表述。对于有限合伙企业的到期债务，首先应当由有限合伙企业以自己的全部财产进行清偿；只有在有限合伙企业自身的财产不足以清偿其到期债务的情况下，才由普通合伙人进行清偿，有限合伙企业的债权人才可以要求普通合伙人清偿。

这就意味着，有限合伙企业的普通合伙人对有限合伙企业的债务承担的是补充清偿责任；就向有限合伙企业的债权人清偿有限合伙企业的债务而言，合伙人（不论是普通合伙人还是有限合伙人）与有限合伙企业之间不是连带责任关系。

综上，结合《民法典》第104条关于"非法人组织的财产不足以清偿债务的，其出资人或者设立人承担无限责任"的规定，本条第3款所说的"普通合伙人对合伙企业债务承担无限连带责任"，应当理解为"普通合伙人对有限合伙企业的债务承担无限的补充清偿责任"、"普通合伙人与其他普通合伙人对有限合伙企业的债务承担连带的补充清偿责任"，但"普通合伙人不与有限合伙企业对有限合伙企业的债务承担连带清偿责任"、"普通合伙人不与有限合伙人对有限合伙企业的债务承担连带清偿责任"。

3. 有限合伙企业的有限合伙人如何承担责任？

有限合伙企业的有限合伙人，应当对有限合伙企业的债务承担清偿责任，但这一责任以相应的有限合伙人认缴的出资额为限。

"以其认缴的出资额为限"，指的是有限合伙企业的有限合伙人认缴、但未实缴的出资额,在有限合伙人已经按期足额缴纳了合伙协议约定的其对有限合伙企业认缴的出资额的情况下,即使合伙企业的自有财产不足以清偿其债务,有限合伙人事实上也无须再对合伙企业未能清偿的债务承担清偿责任。

对此,《最高人民法院关于民事执行中变更、追加当事人若干问题的规定》(法释〔2016〕21号)第14条第2款也明确规定:"作为被执行人的有限合伙企业,财产不足以清偿生效法律文书确定的债务,申请执行人申请变更、追加未按期足额缴纳出资的有限合伙人为被执行人,在未足额缴纳出资的范围内承担责任的,人民法院应予支持。"

4. 合伙企业与公司有哪些异同?

合伙企业与公司的相同之处,主要在于:

一是,合伙企业和公司都属于民事主体、商事主体,都属于企业,都属于经济组织。二是,合伙企业和公司都有自己的企业名称、自己的财产、自己的住所。三是,合伙企业和公司设立时,都需要向企业登记机关办理登记手续、领取营业执照,方可成立;登记事项发生变更时,都需要办理相应的变更登记;在终止时,都需要办理注销登记手续。四是,合伙企业和公司都具有民事权利能力和民事行为能力,都能以自己的名义从事民事活动,包括从事经营活动、为他人提供担保等。五是,合伙企业和公司都需要以自己的全部财产对自己的债务承担责任。六是,合伙企业和公司都需要依照国家税法规定纳税(当然,合伙企业本身不需要缴纳所得税)。

合伙企业与公司的不同之处,主要在于:

一是,公司是企业法人,具有法人资格;合伙企业是非法人组织,不具有法人资格。二是,公司既能够独立享有民事权利,又能够独立承担民事义务和责任;合伙企业虽然能够独立享有民事权利,但不能独立承担民事责任,在合伙企业自己的全部财产不足以清偿其到期债务时,须由其合伙人承担无限的清偿责任或无限的、连带的清偿责任。三是,公司有自己的组织机构,具体包括作为权力机构的股东会或股东大会,作为执行机构的董事会或不设董事会的有限公司的执行董事,作为监督机构的监事会或不设监事会的有限公司的监事和经理;合伙企业则没有具有《民法典》或《合伙企业法》上的地位的组织机构。四是,公司可以分立,也可以与其他公司合并;而合伙企业不能分立,也不能与其他合伙企业或经济组织合并。五是,公司注销后，其股东通常不需要对公司存续期间的债务承担责任；合伙企业注销后，其普通合伙人仍然需要对合伙企业存续期间的债务承担无限连带责任。六是，公司应当依法缴纳企业所得税，合伙企业本身不缴纳企业所得税，而是由其合伙人依法缴纳个人所得税（适用于自然人合伙人）或企业所得税（适用于除合伙企业和个人独资企业外的企业合伙人）。

第三条 【不得成为普通合伙人的主体】国有独资公司、国有企业、上市公司以及公益性的事业单位、社会团体不得成为普通合伙人。

注解

国有独资公司、国有企业、上市公司以及公益性的事业单位、社会团体不得成为普通合伙人；但可根据实际需要，以有限合伙人的身份参加合伙企业，从事经营活动，对合伙企业债务以其出资额为限承担责任。

[国有独资公司]

本条所称的国有独资公司，依照《公司法》的规定，是指国家单独出资，由国务院或者地方人民政府授权本级人民政府国有资产监督管理机构履行出资人职责的有限责任公司。

[国有企业]

本条所称的国有企业即全民所有制企业，是指国家单独出资，由国务院或者地方人民政府授权本级人民政府国有资产监督管理机构履行出资人职责的非公司制形式的企业。

[上市公司]

本条所称的上市公司，依照《公司法》的规定，是指"其股票在证券交易所上市交易的股份有限公司"。

[公益性的事业单位、社会团体]

本条所称的公益性的事业单位、社会团体，是指从事公益性活动的，不以营利为目的的组织。

配套

《公司法》第64、120条

第四条 【合伙协议】 合伙协议依法由全体合伙人协商一致、以书面形式订立。

> **注解**

[合伙协议]

(1) 定义。合伙协议又称合伙合同,是指由全体合伙人依法协商一致所订立的书面合同。

(2) 成立要件。一是依法订立。这里所称的"法"应作宽泛理解,包括本法及其他有关法律、行政法规、行政规章等方面的规定。二是必须由全体合伙人协商一致。即必须是全体合伙人意思表示一致,缺少任何一个合伙人的意思表示合同不能成立。三是必须为书面形式。按照本章规定,申请设立合伙企业应当向合伙企业登记机关提交合伙协议书,如果不以书面形式订立,合伙企业的设立则无法完成。本条所说的"书面形式"的界定,应适用《民法典》第469条第2款、第3款的规定,即书面形式是合同书、信件、电报、电传、传真等可以有形地表现所载内容的形式。以电子数据交换、电子邮件等方式能够有形地表现所载内容,并可以随时调取查用的数据电文,视为书面形式。

> **应用**

5. 合伙企业成立之后,对合伙协议所作的修改或补充是否也需要全体合伙人一致同意?

根据本法第19条第2款,在合伙企业成立之后,对合伙协议所作出的任何修改或补充,原则上也需要全体合伙人一致同意;但是,合伙协议可以约定不需要全体合伙人一致同意即可修改或补充合伙协议,比如只需经执行事务合伙人同意即可修改或补充合伙协议。

值得注意的是,只有经过全体合伙人一致同意并签署的合伙协议方可作出这样的约定;当然,在全体合伙人一致同意并签署的合伙协议未作出这样的约定的情况下,经全体合伙人一致同意通过的决议,在解释上,可以视为合伙协议的补充协议。这样的约定可能对某些合伙人(主要是执行事务合伙人)有利、对某些合伙人不利,相关合伙人有必要根据具体情况来确定是否在合伙协议中作出这样的约定,或者决定是否同意在合伙协议中写入这样的约定。

配套

《公司法》第 11 条;《民法典》第 469 条

第五条 【自愿、平等、公平、诚实信用原则】订立合伙协议、设立合伙企业,应当遵循自愿、平等、公平、诚实信用原则。

配套

《民法典》第 5-10 条

第六条 【所得税的缴纳】合伙企业的生产经营所得和其他所得,按照国家有关税收规定,由合伙人分别缴纳所得税。

注解

[合伙企业缴纳所得税]

(1) 原则。一次纳税原则,即合伙企业不纳税,由合伙人分别纳税。

(2) 征税对象。合伙企业的生产经营所得和其他所得,即合伙企业从事生产经营以及与生产经营有关的活动所取得的各项收入。

(3) 纳税人。各合伙人,由合伙人分别缴纳所得税。

合伙企业合伙人是自然人的,缴纳个人所得税;合伙人是法人和其他组织的,缴纳企业所得税。合伙企业的合伙人按照下列原则确定应纳税所得额:合伙企业的合伙人以合伙企业的生产经营所得和其他所得,按照合伙协议约定的分配比例确定应纳税所得额;合伙协议未约定或者约定不明确的,以全部生产经营所得和其他所得,按照合伙人协商决定的分配比例确定应纳税所得额;协商不成的,以全部生产经营所得和其他所得,按照合伙人实缴出资比例确定应纳税所得额;无法确定出资比例的,以全部生产经营所得和其他所得,按照合伙人数量平均计算每个合伙人的应纳税所得额。

(4) 合伙人缴纳所得税须依法进行。依照本条规定,不管合伙企业是否进行利润分配,均应按照国家有关税收的规定,由各合伙人依法向税务机关缴纳所得税。

应用

6. 个人独资企业合伙人、合伙企业合伙人是否缴纳所得税?

如果合伙企业的合伙人是个人独资企业或也是合伙企业,那么,根据《国务院关于个人独资企业和合伙企业征收所得税问题的通知》(国发〔2000〕16号)、《企业所得税法》第1条第2款,作为该合伙企业的合伙人的个人独资企业或合伙企业本身也是不缴纳企业所得税的,而是由作为该合伙企业的合伙人的该个人独资企业的投资者个人缴纳个人所得税,或由作为该合伙企业的合伙人的另一合伙企业的合伙人分别缴纳所得税。其中,作为合伙人的该合伙企业的自然人合伙人缴纳个人所得税,作为合伙人的该合伙企业的法人或合伙企业以外的其他组织类的合伙人则是缴纳企业所得税。

配套

《国务院关于个人独资企业和合伙企业征收所得税问题的通知》;《财政部、国家税务总局关于合伙企业合伙人所得税问题的通知》;《财政部、国家税务总局关于个人独资企业和合伙企业投资者征收个人所得税的规定》

第七条 【合伙企业及其合伙人的义务】合伙企业及其合伙人必须遵守法律、行政法规,遵守社会公德、商业道德,承担社会责任。

配套

《民法典》第8、9条

第八条 【合伙企业及其合伙人的合法财产及其权益受法律保护】合伙企业及其合伙人的合法财产及其权益受法律保护。

第九条 【申请设立应提交的文件】申请设立合伙企业,应当向企业登记机关提交登记申请书、合伙协议书、合伙人身份证明等文件。

合伙企业的经营范围中有属于法律、行政法规规定在登记前须经批准的项目的，该项经营业务应当依法经过批准，并在登记时提交批准文件。

注解

[设立合伙企业必须依法申请登记]

设立合伙企业应当依法办理登记。未经登记，不得以市场主体名义从事经营活动。

合伙企业的登记事项应当包括：名称；类型；经营范围；主要经营场所；出资额；执行事务合伙人名称或者姓名；合伙人名称或者姓名、住所、承担责任方式。执行事务合伙人是法人或者其他组织的，登记事项还应当包括其委派的代表姓名。

下列事项应当向登记机关办理备案：合伙协议；合伙期限；合伙人认缴或者实际缴付的出资数额、缴付期限和出资方式；合伙企业登记联络员、外商投资企业法律文件送达接受人；合伙企业受益所有人相关信息；法律、行政法规规定的其他事项。上述备案事项由登记机关在设立登记时一并进行信息采集。受益所有人信息管理制度由中国人民银行会同国家市场监督管理总局另行制定。

合伙企业的名称由申请人依法自主申报。合伙企业只能登记一个名称，经登记的名称受法律保护。合伙企业的名称中应当标明"普通合伙"、"特殊普通合伙"或者"有限合伙"字样，并符合国家有关企业名称登记管理的规定。

合伙企业只能登记一个主要经营场所。

申请人申请登记合伙企业执行事务合伙人（含委派代表），应当符合合伙协议约定，合伙协议未约定或者全体合伙人未决定委托执行事务合伙人的，除有限合伙人外，申请人应当将其他合伙人均登记为执行事务合伙人。

[申请设立合伙企业应提交的材料]

申请办理合伙企业登记，应当提交下列材料：

（1）申请书；

（2）申请人主体资格文件或者自然人身份证明；

（3）主要经营场所相关文件；

（4）合伙协议；

（5）法律、行政法规规定设立特殊的普通合伙企业需要提交合伙人的职业资格文件的，提交相应材料；

（6）全体合伙人决定委托执行事务合伙人的，应当提交全体合伙人的委托书和执行事务合伙人的主体资格文件或者自然人身份证明。执行事务合伙人是法人或者其他组织的，还应当提交其委派代表的委托书和自然人身份证明。

办理市场主体登记、备案事项，申请人可以到登记机关现场提交申请，也可以通过市场主体登记注册系统提出申请。申请人应当对提交材料的真实性、合法性和有效性负责。

申请人可以委托其他自然人或者中介机构代其办理市场主体登记。受委托的自然人或者中介机构代为办理登记事宜应当遵守有关规定，不得提供虚假信息和材料。

[合伙企业的经营范围]

合伙企业的经营范围，是指合伙企业从事经营活动的业务范围。合伙企业应当按照国家市场监督管理总局发布的经营范围目录，根据其主要行业或者经营特征自主选择一般经营项目和许可经营项目，申请办理经营范围登记。

配 套

《市场主体登记管理条例》第8-11、16-18条；《市场主体登记管理条例实施细则》第6-17、25、28条

第十条　【登记程序】 申请人提交的登记申请材料齐全、符合法定形式，企业登记机关能够当场登记的，应予当场登记，发给营业执照。

除前款规定情形外，企业登记机关应当自受理申请之日起二十日内，作出是否登记的决定。予以登记的，发给营业执照；不予登记的，应当给予书面答复，并说明理由。

注 解

需注意，2021年7月公布的《市场主体登记管理条例》第19条规定：

"登记机关应当对申请材料进行形式审查。对申请材料齐全、符合法定形式的予以确认并当场登记。不能当场登记的,应当在3个工作日内予以登记;情形复杂的,经登记机关负责人批准,可以再延长3个工作日。申请材料不齐全或者不符合法定形式的,登记机关应当一次性告知申请人需要补正的材料。"第20条规定:"登记申请不符合法律、行政法规规定,或者可能危害国家安全、社会公共利益的,登记机关不予登记并说明理由。"第21条规定:"申请人申请市场主体设立登记,登记机关依法予以登记的,签发营业执照。营业执照签发日期为市场主体的成立日期。法律、行政法规或者国务院决定规定设立市场主体须经批准的,应当在批准文件有效期内向登记机关申请登记。"

配套

《市场主体登记管理条例》第19-22条;《市场主体登记管理条例实施细则》第18-19条

第十一条 【成立日期】合伙企业的营业执照签发日期,为合伙企业成立日期。

合伙企业领取营业执照前,合伙人不得以合伙企业名义从事合伙业务。

注解

[合伙企业的成立]

(1)成立日期。合伙企业成立日期为合伙企业的营业执照签发日期。营业执照分为正本和副本,具有同等法律效力。电子营业执照与纸质营业执照具有同等法律效力。营业执照样式、电子营业执照标准由国务院市场监督管理部门统一制定。

(2)成立的法律后果。一是合伙企业的成立日期即为从事合伙业务的起始日期。合伙人对外以合伙企业的名义从事合伙业务时,必须自领取营业执照之日起进行活动。否则,不能进行。二是企业成立后要履行相应的法律义务。比如,合伙企业应当于每年1月1日至6月30日,通过企业信用信息公示系统向企业登记机关报送上一年度年度报告,并向社会公示。

> 应用

7. 合伙企业领取营业执照之前，以合伙企业名义从事合伙业务是否有效？

尽管本条第2款使用了"不得"的表述，但是，一般认为，《合伙企业法》第11条第2款属于管理性强制性规定，不属于效力性强制性规定；合伙企业在领取营业执照之前以合伙企业名义与第三人进行的交易是否有效，应根据《民法典》第143条、第153条、第154条的规定加以判断，在不存在《民法典》规定的合同无效或民事法律行为无效的情形时，合伙企业在领取营业执照之前以合伙企业名义与第三人进行的交易是有效的。

第十二条　【设立分支机构】合伙企业设立分支机构，应当向分支机构所在地的企业登记机关申请登记，领取营业执照。

> 注解

合伙企业分支机构，是指合伙企业本身设立的分厂、分店等。合伙企业设立分支机构，应当向分支机构所在地的登记机关申请登记，领取营业执照。

违反本法规定，未领取营业执照，而以合伙企业分支机构名义从事合伙业务的，由企业登记机关责令停止，处五千元以上五万元以下的罚款。

> 配套

《合伙企业法》第95条；《市场主体登记管理条例》第23条

第十三条　【变更登记】合伙企业登记事项发生变更的，执行合伙事务的合伙人应当自作出变更决定或者发生变更事由之日起十五日内，向企业登记机关申请办理变更登记。

> 注解

[合伙企业办理变更登记的时限]

需注意，2021年7月公布的《市场主体登记管理条例》第24条规定，市场主体变更登记事项，应当自作出变更决议、决定或者法定变更事项发生之日起30日内向登记机关申请变更登记。市场主体变更登记事项属于依法须经批准的，申请人应当在批准文件有效期内向登记机关申请变更登记。第26条规定，市场主体变更经营范围，属于依法须经批准的项目的，应当自批准之日起30日内申请变更登记。许可证或者批准文件被吊销、撤销或者有效期届满的，应当自许可证或者批准文件被吊销、撤销或者有效期届满之日起30日内向登记机关申请变更登记或者办理注销登记。第27条规定，市场主体变更住所或者主要经营场所跨登记机关辖区的，应当在迁入新的住所或者主要经营场所前，向迁入地登记机关申请变更登记。迁出地登记机关无正当理由不得拒绝移交市场主体档案等相关材料。第28条规定，市场主体变更登记涉及营业执照记载事项的，登记机关应当及时为市场主体换发营业执照。第29条规定，市场主体变更《市场主体登记管理条例》第9条规定的备案事项的，应当自作出变更决议、决定或者法定变更事项发生之日起30日内向登记机关办理备案。

配套

《合伙企业法》第95条；《市场主体登记管理条例》第24-29条；《市场主体登记管理条例实施细则》第31-36条

第二章 普通合伙企业

第一节 合伙企业设立

第十四条 【设立合伙企业应具备的条件】 设立合伙企业，应当具备下列条件：

（一）有二个以上合伙人。合伙人为自然人的，应当具有完全民事行为能力；

（二）有书面合伙协议；

（三）有合伙人认缴或者实际缴付的出资；

（四）有合伙企业的名称和生产经营场所；

（五）法律、行政法规规定的其他条件。

注解

[合伙企业的设立]

合伙企业的设立,是指本章所称的普通合伙企业的设立,即拟设立合伙企业的自然人、法人或者其他组织依照法律、行政法规规定的条件和程序,通过一定的准备工作(比如订立合伙协议等),向合伙企业登记机关申请设立合伙企业,并由登记机关依法给予登记的行为。

[设立条件]

(1)有二个以上合伙人。合伙人为自然人的,应当具有完全民事行为能力。合伙人人数要求:两人以上;既可以是自然人,也可以是法人或其他组织;合伙人为自然人的,应当具有完全民事行为能力。这里所称的自然人,应当包括具有中华人民共和国国籍的自然人和具有外国国籍的自然人以及无国籍的自然人。但是,具有外国国籍的自然人以及无国籍的自然人,参与设立合伙企业应当符合《合伙企业法》附则的要求,即应当符合国务院有关管理办法的规定。不能作为设立主体的有:限制民事行为能力人和无民事行为能力人,且国有独资公司、国有企业、上市公司以及公益性的事业单位、社会团体不得成为普通合伙人。

(2)有书面合伙协议。具体包括三层含义:一是必须有合伙协议。合伙协议依法由"全体合伙人"协商"一致"。二是合伙协议必须是由两个或者两个以上的自然人、法人和其他组织之间签订的,以各自提供货币、实物、知识产权、土地使用权或者劳务等出资并依法经营等为内容的一种合同。三是合伙协议必须为书面形式。

(3)有各合伙人认缴或者实际缴付的出资。本法对出资的缴付方式作了较为灵活的规定,合伙人可以实际一次性缴付出资,也可以"认缴"的形式分期出资,但"认缴"必须在合伙协议中有所体现,不能随意进行。

(4)有合伙企业的名称和生产经营场所。合伙企业名称必须遵守下列规定:一是名称须登记注册。二是名称必须符合法定要求。普通合伙企业应当在其名称中标明"普通合伙"字样,其中采取有限责任合伙形式的普通合伙企业,应当在其名称中标明"特殊普通合伙"字样,有限合伙企业名称中应当标明"有限合伙"字样。在合伙企业名称中不能仅仅标有"有限"或者"有限责任"字样,如果仅仅标有"有限"或者"有限责任"字样则和公司没有区别，会引起不必要的混乱。所以，名称中必须有"合伙"二字。

（5）法律、行政法规规定的其他条件。

配套

《合伙企业法》第3-5、15条；《公司法》第8条

第十五条　【名称】合伙企业名称中应当标明"普通合伙"字样。

注解

本条对普通合伙企业的名称提出了特别的标明要求，即"合伙企业名称中应当标明'普通合伙'字样"。

针对普通合伙企业未在其名称中标明"普通合伙"字样的行为，本法第94条规定了相应的行政责任："违反本法规定，合伙企业未在其名称中标明'普通合伙'、'特殊普通合伙'或者'有限合伙'字样的，由企业登记机关责令限期改正，处以二千元以上一万元以下的罚款。"

第十六条　【出资方式】合伙人可以用货币、实物、知识产权、土地使用权或者其他财产权利出资，也可以用劳务出资。

合伙人以实物、知识产权、土地使用权或者其他财产权利出资，需要评估作价的，可以由全体合伙人协商确定，也可以由全体合伙人委托法定评估机构评估。

合伙人以劳务出资的，其评估办法由全体合伙人协商确定，并在合伙协议中载明。

注解

[货币出资]

合伙人既可以用本国货币出资，也可以用外国货币出资。

[非货币财产出资]

合伙人用非货币财产出资时，出资的财产必须是合伙人本人合法占有的财产。

（1）实物出资。实物出资也即通常所称的有形财产出资。实物即可以利

用的物质形态，该物质形态应是指合伙人现存的、可转让的有形财产。一般是指厂房和其他建筑物、机器设备、原材料、零部件等。

（2）知识产权出资。所谓知识产权又称为智力成果权、无形财产权，是基于智力的创造性活动所产生的由法律赋予知识产品所有人对其智力成果所享有的某些专有权利。包括著作权、专利权、商标权、发明权和发现权以及其他科技成果权。

（3）土地使用权出资。所谓土地使用权，是指公民或者法人、其他组织依照法律、行政法规的规定，对国有或者集体所有的土地所享有的使用和收益的权利。作为合伙企业出资的合伙人的土地使用权，必须是依法取得的；否则，不能作为出资。同时，出资以后还必须依法使用。

（4）劳务出资。所谓劳务出资，是指出资人以自己的劳动技能等并通过自己的劳动体现出来的一种出资形式，比如从事汽车运输的合伙企业，司机可以以自己的驾驶技能作为出资方式。

（5）其他财产权利。本条所涉及的"财产权利"，是指有直接的财产内容的权利。本条中所称的"其他财产权利"，是指货币、实物、知识产权、土地使用权以外的其他具有财产内容的权利。比如担保物权、采矿权、土地承包经营权、债权、商业秘密等。

[出资评估]

（1）非货币财产（劳务出资除外）的评估。首先，是否评估由全体合伙人协商确定；其次，需要评估时，如何评估由合伙人自己确定。根据本条规定，评估作价可以由合伙人协商确定，但该评估不是由某一个人或者某几个人协商确定，而是由全体合伙人协商确定，如果仅仅由某一个人或者某几个人协商确定，其协商确定应为无效，或者对其他没有协商确定的合伙人不产生法律效力；也可以由全体合伙人委托依法成立的评估机构进行评估。对评估结果，进行企业登记作为注册资金时，企业登记机构还要予以核实。

（2）劳务出资需要评估，评估办法由全体合伙人协商确定，确定后须在合伙协议中载明。

[配套]

《合伙企业法》第64条；《公司法》第27、82条

第十七条　【出资义务的履行】合伙人应当按照合伙协议约定的出资方式、数额和缴付期限，履行出资义务。

以非货币财产出资的，依照法律、行政法规的规定，需要办理财产权转移手续的，应当依法办理。

注解

本条第1款对普通合伙人的出资义务作出了原则性规定；第2款则对普通合伙人以非货币财产出资的出资义务提出了特别要求。

[普通合伙人出资义务的原则性规定]

合伙人的出资方式、出资数额、出资的缴付期限可以由合伙协议约定，其中的"出资缴付期限"可以是类似于"……之前"或"不晚于……"等非固定的期限。

一般认为，本条第1款所说的"出资数额"，指向的是"足额"履行出资义务的要求，对应的是缴纳出资的数额方面的要求，即普通合伙人每一次缴纳的出资的数额应当符合合伙协议中关于其认缴的每一次出资数额的约定。本条第1款所说的"缴付期限"，指向的是"按期"履行出资义务的要求，对应的是缴纳出资的时间方面的要求，即普通合伙人履行出资义务应当符合合伙协议中关于其缴纳各期出资的时间的约定。

[非货币财产出资的出资义务]

就普通合伙人的非货币财产出资而言，本条并未规定普通合伙人以非货币财产出资必须转移财产权，合伙人以非货币财产出资时是否办理财产权的转移手续，取决于"需要"。需要看出资的非货币财产是什么、相关法律法规有没有特别的规定和合伙协议有没有特别的要求。并且，即使是在需要办理财产权转移手续的情况下，也应当结合普通合伙人用作出资的非货币财产的具体情况，来确定采取何种财产权转移手续。

以下是几种主要的非货币财产出资的财产权转移手续的要求：

一是，如果是普通动产，通常只需要将该动产交付给合伙企业即可发生所有权转移的效力，合伙企业可以取得相应的动产的所有权。

二是，如果是船舶、航空器和机动车等特殊动产，虽然只要交付给合伙企业就发生所有权转移的效力，但还是需要办理相应的变更登记手续，否则，合伙企业取得船舶、航空器和机动车等动产的所有权不具备对抗效力。

三是，如果是不动产，则需要办理不动产转移登记手续，方可发生所有权转移的效力，合伙企业方能取得相应不动产的所有权。

四是，如果是专利申请权或者专利权，需要向国务院专利行政部门（现为国家知识产权局）办理登记手续，专利申请权或者专利权的转让自登记之日起生效，合伙企业方能取得相应的专利申请权或者专利权。

五是，如果是注册商标或商标注册申请，需要向国务院工商行政管理部门商标局办理转让手续，经商标局核准并公告后，合伙企业自公告之日起才享有商标专用权。

六是，如果是著作权，包括作品著作权、计算机软件著作权等，尽管著作权转让或著作权转让合同登记不是强制性规定，但是，在能够办理著作权登记的情况下，从保护合伙企业知识产权的角度，应以办理相应的转让登记或软件著作权转让合同登记为宜。

第十八条 【合伙协议的内容】合伙协议应当载明下列事项：

（一）合伙企业的名称和主要经营场所的地点；

（二）合伙目的和合伙经营范围；

（三）合伙人的姓名或者名称、住所；

（四）合伙人的出资方式、数额和缴付期限；

（五）利润分配、亏损分担方式；

（六）合伙事务的执行；

（七）入伙与退伙；

（八）争议解决办法；

（九）合伙企业的解散与清算；

（十）违约责任。

注解

本条对普通合伙企业的合伙协议的必备条款作出了规定。《合伙企业法》关于合伙协议主要条款内容的规定，集中于《合伙企业法》第18条，其他需要在合伙协议中约定或可以在合伙协议中约定的事项，则散见于《合伙企业法》的其他条款，包括第 16 条、第 17 条、第 19 条第 2 款、第 22 条、第 23 条、第 26 条第 2 款、第 29 条、第 30 条、第 31 条、第 32 条第 2 款、第 33 条、第 34 条、第 43 条至第 50 条、第 52 条、第 54 条、第 58 条、第 63 条、第 65 条、第 67 条、第 69 条至第 73 条、第 82 条、第 85 条；其中，《合伙企业法》第 63 条、第 65 条、第 67 条、第 69 条至第 73 条、第 82 条仅适用于有限合伙企业，不适用于普通合伙企业。在起草或审阅合伙协议时，应当特别考虑合伙协议是否约定了《合伙企业法》这些条款所规定的事项。此外，合伙人也可以结合具体情况在合伙协议中约定《合伙企业法》这些条款所规定的事项以外的其他内容——当然，这些约定不能违反法律、行政法规的强制性规定。

应用

8. 合伙协议能否约定普通合伙人对外转让财产份额无须经其他合伙人一致同意？

由于《合伙企业法》第 22 条第 1 款使用了"除合伙协议另有约定外，合伙人向合伙人以外的人转让其在合伙企业中的全部或者部分财产份额时，须经其他合伙人一致同意"的表述，因此，《合伙企业法》允许普通合伙企业的合伙协议对合伙人向合伙人以外的人转让其在合伙企业中的财产份额作出与《合伙企业法》第 22 条第 1 款不同的约定。例如，可以约定：合伙人向合伙人以外的人转让其在合伙企业中的全部或者部分财产份额时，须经其他合伙人过半数同意，或者约定须经执行事务合伙人同意等。

当然，普通合伙企业的合伙协议中的这些不同约定应当取得全体合伙人的同意方为有效。如果有任何合伙人不同意，普通合伙企业的合伙协议中的这些约定可能因损害了相关合伙人的利益而无效。

第十九条 【合伙协议生效、效力和修改、补充】合伙协议经全体合伙人签名、盖章后生效。合伙人按照合伙协议享有权利，履行义务。

修改或者补充合伙协议，应当经全体合伙人一致同意；但是，合伙协议另有约定的除外。

合伙协议未约定或者约定不明确的事项，由合伙人协商决定；协商不成的，依照本法和其他有关法律、行政法规的规定处理。

注解

[合伙协议的生效时间]

合伙协议的生效时间，是指合伙协议从什么时候起产生法律效力。也就是说，合伙人从什么时候起履行义务和享有权利。根据本条规定，合伙协议生效时间为全体合伙人签名、盖章后。需要注意的是：

（1）合伙协议必须经过全体合伙人签字、盖章。如果未经所有合伙人签字、盖章，其合伙协议不产生法律效力，即不受法律的保护。

（2）并不要求全体合伙人同时签字、盖章，全体合伙人可以分不同时间签字、盖章，其生效时间以全体合伙人中的最后一人签字、盖章为准。

（3）合伙人可以委托他人代表自己签字、盖章。但是，委托签字、盖章必须有书面委托，或者有能证明存在委托行为的其他证明。

（4）这里的"签名、盖章"中的顿号（"、"），指的是"并且"的意思，还是"或者"的意思，实务中存在不同理解。因此，合伙协议中有关合伙协议签署的条款应当尽量避免使用"签名、盖章"或"签字、盖章"的表述，而应尽可能地对不同类别的合伙人的签署要求作出明确、具体的约定，比如，作为合伙人的自然人应亲笔签字、作为合伙人的法人和非法人组织应加盖公章并由其各自的法定代表人或负责人签名。

[合伙协议的修改与补充]

（1）合伙协议并不是一成不变的，在合伙协议签订后，合伙人可以对合伙协议进行修改与补充。

（2）合伙协议的修改与补充，既可以采用对原有合伙协议全面修订的方式进行，也可以采用另订有关条款的方式进行。

（3）一般情况下，合伙协议的修改与补充必须经过全体合伙人一致同意，未经全体合伙人同意不产生法律效力。

例外性规定：合伙协议另有约定时，不一定非要经过全体合伙人协商一致才能修改或补充合伙协议。合伙协议中的约定优先。合伙协议可以约定，修改或者补充合伙协议可以是出资比例的四分之三，也可以约定是出资比例的五分之四等，可以约定是全体出资人的三分之二，也可以约定是全体出资人的四分之三等。

[合伙协议未约定的事项]

合伙协议未约定或者约定不明确的事项，由合伙人协商解决；协商不成的，依照本法和其他有关法律、行政法规的规定处理。

第二节 合伙企业财产

第二十条 【合伙企业财产构成】合伙人的出资、以合伙企业名义取得的收益和依法取得的其他财产，均为合伙企业的财产。

注解

合伙企业的财产由原始财产和积累财产两个部分组成。合伙企业的财产作为合伙企业存续的物质基础，是合伙企业对外承担责任的担保之一。

[原始财产]

原始财产即本条所称的全体合伙人的"出资"。

（1）合伙企业的原始财产是全体合伙人"认缴"的财产，而非各合伙人"实际缴纳"的财产。

（2）合伙企业合伙人的出资并非均能构成合伙企业的财产。依据本法第16条的规定，合伙人对合伙企业的出资，不限于通常所称的财产，而且包括一定的财产权利，此外还包括劳务。其中，劳务虽然可以通过全体合伙人协商确定的办法评估其价值，也可以在合伙企业的生产经营活动中创造出新的价值，但因其内在的"行为性"特征使其不能成为合伙企业的财产。

（3）合伙人转让财产所有权进行出资而构成合伙企业的财产是合伙企业原始财产取得的一般方式，但这并不等于合伙人只能通过转让所有权的方式来形成合伙企业的财产。合伙人也可以通过转让占有权、使用权的方式形成合伙企业的原始财产。

[积累财产]

积累财产，即合伙企业成立以后以合伙企业的名义依法取得的全部收益。这部分是合伙企业在生产经营过程中所得到的新的价值。合伙企业的积累财产，主要包括两个方面：一是以合伙企业名义取得的收益，即营业性的收入。二是依法取得的其他财产。即根据法律、行政法规等的规定合法取得的其他财产，比如合法接受赠与的财产等。

配套

《合伙企业法》第16条

第二十一条 【在合伙企业清算前不得请求分割合伙企业财产】 合伙人在合伙企业清算前，不得请求分割合伙企业的财产；但是，本法另有规定的除外。

合伙人在合伙企业清算前私自转移或者处分合伙企业财产的，合伙企业不得以此对抗善意第三人。

注解

1. 合伙人在合伙企业清算前一般不得请求分割合伙企业的财产。

（1）原则上不得请求分割合伙企业的财产。

（2）法律有规定时可以请求分割。比如，按照本法有关退伙的规定，有下列情形之一的，合伙人应当向合伙人的继承人退还被继承合伙人的财产份额：继承人不愿意成为合伙人；法律规定或者合伙协议约定合伙人必须具有相关资格而该继承人未取得该资格；合伙协议约定不能成为合伙人的其他情形。合伙人的继承人为无民事行为能力人或者限制民事行为能力人的，可以成为有限合伙人，并经全体合伙人一致同意，将普通合伙企业依法转为有限合伙企业；全体合伙人未能一致同意的，合伙企业应当将该被继承人的财产份额退还给该继承人。

2. 合伙企业不得因合伙人"违法"分割财产而对抗善意第三人。

善意第三人，是指第三人对合伙人私自转移或处分财产的行为事先不知情。此外，根据善意取得制度的要件，受让人在取得占有时须是公然的、有偿的、善意的。如果第三人是恶意取得，即明知合伙人无权处分而与之进行交易，或者与合伙人通谋共同侵犯合伙企业权益，则合伙企业可以据此对抗恶意第三人。

配套

《合伙企业法》第50、51条;《公司法》第35条

第二十二条　【转让合伙企业中的财产份额】 除合伙协议另有约定外,合伙人向合伙人以外的人转让其在合伙企业中的全部或者部分财产份额时,须经其他合伙人一致同意。

合伙人之间转让在合伙企业中的全部或者部分财产份额时,应当通知其他合伙人。

注解

合伙人财产份额的转让,是指合伙企业的合伙人向他人转让其在合伙企业中的全部或者部分财产份额的行为。合伙人财产份额的转让方式包括外部转让和内部转让两种。

[外部转让]

(1) 定义。所谓合伙人财产份额的外部转让,是指合伙人将其在合伙企业中的全部或者部分财产份额转让给合伙人以外的第三人的行为。

(2) 转让规则。原则上,须经其他合伙人一致同意;但是,如果合伙协议有另外的约定,即合伙协议约定,合伙人向合伙人以外的人转让其在合伙企业中的全部或者部分财产份额时,不需经过其他合伙人一致同意,则应执行合伙协议的约定。

[内部转让]

(1) 定义。合伙人财产份额的内部转让,是指合伙人将其在合伙企业中的全部或者部分财产份额转让给其他合伙人的行为。

(2) 转让规则。只需要通知其他合伙人,而不需要经其他合伙人一致同意,即可产生法律效力。

应用

9. 合伙协议约定合伙人之间转让合伙企业全部或者部分财产份额也应取得其他合伙人的一致同意的,是否有效?

合伙协议就合伙企业财产份额转让的特别约定,不违反法律、行政法规的强制性规定,亦不违背公序良俗,应认定其合法有效,合伙人应严格遵守

该约定。合伙协议已经明确约定合伙人之间转让合伙财产份额需经全体合伙人一致同意的,在其他合伙人未同意合伙财产份额转让之前,当事人就合伙财产份额转让签订的转让协议成立但未生效。如其他合伙人明确不同意该合伙财产份额转让,则转让协议确定不生效,不能在当事人之间产生履行力。当事人请求履行转让协议的,人民法院不予支持。[邢某荣与北京鼎某泰富投资管理有限公司、丁某国等合伙企业财产份额转让纠纷案(载《最高人民法院公报》2021年第5期)]

10. 普通合伙人对内转让财产份额,如何处理2个或超过2个的其他合伙人都要求受让的问题?

考虑到合伙人之间进行的财产份额的转让可能导致合伙人的权利发生变化,比如合伙人的表决权,甚至是合伙企业的控制权发生变动,合伙协议可以对此作出特别的约定,这也是合伙协议的用武之地。可以参照《公司法》第71条第3款和《合伙企业法》第33条第1款的规定进行处理,即由相关合伙人协商确定各自的购买比例;协商不成的,再按照转让时各自实缴的出资比例行使优先购买权;无法确定出资比例的,由相关合伙人按同等比例行使优先购买权。

11. 普通合伙企业的合伙人之间转让财产份额,财产份额的转让变动何时生效?

在合伙协议和财产份额转让协议没有特别规定的情况下,应当自合伙人转让财产份额的通知送达所有其他合伙人之日或财产份额转让协议生效之日(以较晚者为准)起生效;其中,在转让通知送达其他合伙人的时间不是同一天时,以最后一名合伙人收到转让通知之日为准。

12. 合伙人以向其他合伙人转让其在合伙企业中的财产份额为名、行向合伙人以外的人转让财产份额为实,转让协议效力如何?

《合伙企业法》第22条第1款规定,除合伙协议另有约定外,合伙人向合伙人以外的人转让其在合伙企业中的全部或者部分财产份额时,须经其他合伙人一致同意。部分合伙人违反本规定,未经其余合伙人同意,将财产份额形式上转让给其他合伙人,但实质上转让给合伙人之外的人,系以合法形式掩盖非法目的,其转让行为无效。[曲某宝、王某章、赵某田、姜某明、魏某清、金某、赵某光与王某、王某明普通合伙纠纷再审案((2013)民再申字第230号民事裁定书)]

13. 在普通合伙企业的合伙协议未作特别约定的情况下,如果合伙人准备向合伙人以外的人转让其在合伙企业中的财产份额,但不能取得其他合伙人的一致同意,应当如何处理?

结合《合伙企业法》第42条第2款关于"其他合伙人未购买,又不同意将该财产份额转让给他人的,依照本法第五十一条的规定为该合伙人办理退伙结算,或者办理削减该合伙人相应财产份额的结算"的规定,在这种情况下,准备向合伙人以外的人转让其在普通合伙企业中的财产份额的该合伙人应当有权要求退伙,并应按照《合伙企业法》第51条至第54条的规定办理退伙手续;当然,在此情况下,该合伙人应当按照《合伙企业法》第47条关于"合伙人违反本法第四十五条、第四十六条的规定退伙的,应当赔偿由此给合伙企业造成的损失"的规定,赔偿由此给普通合伙企业造成的损失。

14. 在普通合伙人向其他普通合伙人转让或经其他合伙人一致同意向合伙人以外的人转让其在普通合伙企业中的全部财产份额后,是否应当就其作为普通合伙人期间合伙企业的债务承担责任?

在普通合伙人向其他普通合伙人转让或经其他合伙人一致同意向合伙人以外的人转让其在普通合伙企业中的全部财产份额的情况下,转让完成之后,该普通合伙人不再是合伙企业的合伙人,不再就其作为普通合伙人期间合伙企业发生的合伙企业债务承担无限连带责任,该等责任因财产份额的转让而一并由受让相应的财产份额的人受让和承担。这与普通合伙人因其在合伙企业中的全部财产份额被强制执行(由其他合伙人或合伙人以外的人在强制执行程序中受让其全部财产份额的除外)而当然退伙后仍需承担责任(《合伙企业法》第49条第1款第(5)项和第2款、第53条)不同,与普通合伙人在合伙企业注销后仍应对合伙企业存续期间的债务承担无限连带责任(《合伙企业法》第91条)也不同。

15. 自然人合伙人转让其在合伙企业中的财产份额是否需要取得配偶的同意?

在涉及夫妻一方以夫妻共同财产对合伙企业进行出资,另一方不是该合伙企业的合伙人的情形下,夫妻一方转让其在合伙企业中财产份额是否需要取得配偶的同意?对此,《合伙企业法》《民法典》都未作规定。

不过,从《最高人民法院关于适用〈中华人民共和国民法典〉婚姻家庭编的解释(一)》第74条关于人民法院审理离婚案件时分割夫妻共同财产中以一方名义在合伙企业中的出资的处理办法的规定看,针对以上情形,由于《最高人民法院关于适用〈中华人民共和国民法典〉婚姻家庭编的解释(一)》第74条使用了"……当夫妻双方协商一致,将其合伙企业中的财产份额全部或者部分转让给对方时,按以下情形分别处理:……(二)其他合伙人不同意转让,在同等条件下行使优先购买权的,可以对转让所得的财产进行分割;(三)其他合伙人不同意转让,也不行使优先购买权,但同意该合伙人退伙或者减退部分财产份额的,可以对结算后的财产进行分割"的表述,最高人民法院倾向于认为转让登记在夫妻一方名下的合伙企业的出资和基于该等出资所形成的在该合伙企业中财产份额所得的财产收益属于夫妻共同财产,但登记在夫妻一方名下的合伙企业的出资和基于该等出资所形成的在该合伙企业中财产份额本身则不属于夫妻共同财产。虽然实务中仍存在不同的处理意见,但是一般认为,在涉及夫妻一方以夫妻共同财产对合伙企业进行出资,另一方不是该合伙企业的合伙人的情形下,以夫妻共同财产对合伙企业进行出资并登记在夫妻一方名下的出资额以及基于该等出资所形成的在合伙企业中的财产份额本身不属于夫妻共同财产,该出资额和财产份额所代表的财产价值才属于夫妻共同财产,夫妻一方转让登记在其名下的合伙企业中的出资额和财产份额原则上不需要取得配偶的同意。

16. 普通合伙人死亡,其继承人继承其财产份额,是否适用本条普通合伙人对外转让财产份额的规定?

一般认为继承(包括遗赠)不应视为转让,不应适用《合伙企业法》有关财产份额转让的规定。在合伙协议有约定或者经全体合伙人一致同意的情况下,《合伙企业法》第50条第1款允许死亡自然人普通合伙人的合法继承人继承合伙人资格,《合伙企业法》第80条也允许作为有限合伙人的自然人死亡或被依法宣告死亡时,其继承人可以依法取得该自然人有限合伙人在有限合伙企业中的资格,自然也就不适用《合伙企业法》有关财产份额转让的规定。

此外,如果合伙协议未作约定并且未能取得全体合伙人的一致同意,则应当适用《合伙企业法》第50条第2款的规定,即由合伙企业向合伙人的继承人退还被继承合伙人的财产份额,这种情况也不适用《合伙企业法》有关财产份额转让的规定。

配 套

《合伙企业法》第73条;《公司法》第71、137-141条

第二十三条 【优先购买权】合伙人向合伙人以外的人转让其在合伙企业中的财产份额的,在同等条件下,其他合伙人有优先购买权;但是,合伙协议另有约定的除外。

注 解

[优先购买权]

(1) 定义。优先购买权是指合伙人转让其财产份额时,在多数人接受转让的情况下,其他合伙人在同等条件下可先于其他非合伙人购买的权利。

(2) 例外规定。合伙协议没有"另有约定"或者另外的限制,有了限制则应依限制办理。同等的"条件",主要是指受让的价格条件。当然,也包括其他条件。

应 用

17. 如何理解其他合伙人的优先购买权?

合伙企业的部分合伙人向合伙人之外的人出售其财产份额,在双方确定了转让价格等交易条件后,根据《合伙企业法》第23条"合伙人向合伙人以外的人转让其在合伙企业中的财产份额的,在同等条件下,其他合伙人有优先购买权"的规定,合伙企业的其他合伙人即享有了对被转让财产份额的优先购买权。在优先购买权人依法向出售财产份额的合伙人做出行使优先购买权意思表示的情况下,便在其与出售人之间形成了以同样价格买卖财产份额的合同关系。法律规定合伙人享有优先购买权的目的在于,当非合伙人与部分合伙人都向出售财产份额的合伙人表示愿意购买该部分财产份额时,保护优先购买权人在同等交易条件下与出售人之间的合同优先于非合伙人与出售人之间的合同得到履行。法律保护当事人自愿订立合同的权利,但当事人在进行民事活动时也应当遵守法律的规定和合同的约定,全面履行合同义务,不得以意思自治为借口拒绝履行合同义务或阻碍他人依法行使权利。[曲某某等诉王某等普通合伙纠纷案(最高人民法院民事判决书〔2014〕民抗字第17号)]

18. 在没有另外约定的情况下，合伙人未经其他合伙人一致同意并放弃优先购买权，与合伙人以外的人签订的财产份额转让协议，其效力如何？

针对普通合伙企业的合伙人未经其他合伙人一致同意并放弃优先购买权将其在合伙企业中的财产份额转让给合伙人以外的人的行为，由于《合伙企业法》第22条第1款和第23条没有像《合伙企业法》第25条针对合伙人未经其他合伙人一致同意以其在合伙企业中的财产份额出质的行为使用"其行为无效"的表述那样，使用"其行为无效"的表述，在不存在《民法典》规定的合同无效或民事法律行为无效的情形时，一般认为，未经其他合伙人一致同意，合伙人向合伙人以外的人转让其在合伙企业中的财产份额的转让协议是有效的。

19. 在没有另外约定的情况下，合伙人未经其他合伙人一致同意并放弃优先购买权，与合伙人以外的人订立的财产份额转让协议如何履行？

在普通合伙企业的合伙人违反《合伙企业法》第22条第1款和第23条的规定与合伙人以外的人订立了财产份额转让协议，但尚未完成财产份额变动的情况下，尽管财产份额转让协议有效，但是其有效性仅仅发生在作为转让方的合伙人和受让方之间，对并非合同当事人的合伙企业和其他合伙人是不具有约束力的。

对合伙企业来说，合伙企业及其执行事务合伙人也可以拒绝向企业登记机关办理与该等转让相关的变更登记手续。

对于其他合伙人来说，如果其他合伙人要求行使优先购买权，作为转让方的合伙人将因其他合伙人行使优先购买权而事实上不能向作为其交易对方的受让人转让其在合伙企业中的财产份额。在这种情况下，转让合伙人的交易对方的合伙人以外的人可以要求转让合伙人承担因无法履行合同而产生的违约责任。

20. 未经其他合伙人一致同意并放弃优先购买权，向合伙人以外的人转让财产份额并已完成变更登记的如何处理？

关于这一问题《合伙企业法》及《民法典》并没有明确规定，与这一情形类似的是，《最高人民法院关于审理外商投资企业纠纷案件若干问题的规定（一）》第11条关于"外商投资企业一方股东将股权全部或部分转让给股东之外的第三人，应当经其他股东一致同意，其他股东以未征得其同意为由请求撤销股权转让合同的，人民法院应予支持"的规定。基于此，一些实务观点认为,其他合伙人应当享有撤销权,以获得相应的救济。

不过,在有限公司的股东未经其他股东同意并放弃优先购买权而向股东以外的人转让股权的情形,《公司法》和最高人民法院没有明确规定其他股东享有撤销权。虽然没有法律规定的撤销权,但是根据《最高人民法院关于适用〈中华人民共和国公司法〉若干问题的规定(四)》(以下简称《公司法司法解释四》)的规定,在同时满足以下两个条件的情况下,有限公司的其他股东可以要求按照同等条件购买该转让股权,并且可能能够得到法院的支持:一是,其他股东自知道或者应当知道行使优先购买权的同等条件之日起30日内提出该项主张;二是,其他股东提出该项主张时距转让股东对外转让股权涉及的公司变更登记完成之日未超过1年。

当然,《公司法司法解释四》第21条第1款所说的"人民法院应当予以支持",只是表明人民法院应当支持其他股东按照同等条件购买该转让股权的主张,并不意味着人民法院应当确认有限公司的股东违反《公司法》第71条第2款、第3款进行的股权转让行为无效或撤销该股权转让行为,也不意味着人民法院应当确认相应的股权变更登记无效,也不意味着公司应当像《公司法》第22条第4款那样"应当向公司登记机关申请撤销变更登记"。《公司法司法解释四》并没有对这些问题给出明确的处理办法,应由法院根据案件的具体情况进行处理。

尽管《公司法司法解释四》上述规定仅适用于有限公司股东对外转让股权,但是,对于理解《合伙企业法》第21条第1款和第23条,仍然具有重要的参考价值。

基于以上论述,其他合伙人在认为转让合伙人对外转让财产份额的行为侵害其在《合伙企业法》第22条第1款和第23条项下的权利时,应尽快向法院提起诉讼或根据合伙协议约定的仲裁条款尽快提交仲裁申请,申请法院或仲裁机构支持其行使同等条件下的优先购买权,避免发生因时间过长、发生更多的交易或形成新的交易秩序而导致自身请求得不到法院或仲裁机构支持的不利后果。

第二十四条 【受让人成为合伙人】合伙人以外的人依法受让合伙人在合伙企业中的财产份额的,经修改合伙协议即成为合伙企业的合伙人,依照本法和修改后的合伙协议享有权利,履行义务。

应 用

21. 合伙人以外的人通过受让合伙人在普通合伙企业中的财产份额而成为该普通合伙企业的合伙人的时间如何确定？

本条规定，"合伙人以外的人依法受让合伙人在合伙企业中的财产份额的，经修改合伙协议即成为合伙企业的合伙人，依照本法和修改后的合伙协议享有权利，履行义务"。从文义上理解，至少在合伙人内部，在财产份额转让协议和修改后的合伙协议没有特别约定的情况下，自修改后的合伙协议生效之日起，作为受让人的合伙人以外的人即取得了普通合伙企业的合伙人资格；至于作为受让人的合伙人以外的人是否依照财产份额转让协议的约定向作为转让人的合伙人支付了相应的转让价款、该合伙企业是否完成与财产份额转让相关的变更登记，都不影响合伙人以外的人取得普通合伙企业的合伙人资格——当然，财产份额转让协议和修改后的合伙协议有特别约定的除外。不过实务中有的法院也认为，如果作为受让人的合伙人以外的人没有依照财产份额转让协议的约定向作为转让人的合伙人支付转让价款，该合伙人以外的人就不能取得合伙企业的合伙人资格。

22. 合伙人转让其全部财产份额与退伙有何异同，非合伙人通过受让财产份额成为合伙人与入伙有何异同？

在普通合伙企业的合伙人转让其在合伙企业中的财产份额的情形下，该合伙人在转让完成之后就不再是该合伙企业的合伙人了，这与退伙有相似之处但却不属于《合伙企业法》规定的退伙。转让完成后，该合伙人不应再对合伙企业的债务承担无限连带责任，而普通合伙人即使退伙了，也应当对普通合伙的债务承担无限连带责任。与此相对应，合伙人以外的人通过受让原合伙人在合伙企业中的全部财产份额的方式成为合伙企业的合伙人，不属于《合伙企业法》规定的入伙。针对入伙，《合伙企业法》第43条、第44条明确规定了新合伙人入伙需要订立入伙协议，要求原合伙人向新合伙人如实告知原合伙企业的经营状况和财务状况，并由入伙协议对新合伙人的权利、责任作出约定。但是，与此不同，在合伙人向合伙人以外的人转让其在合伙企业中的财产份额的情形，《合伙企业法》第24条则是规定了"合伙人以外的人依法受让合伙人在合伙企业中的财产份额的，经修改合伙协议即成为合伙企业的合伙人，依照本法和修改后的合伙协议享有权利，履行义务"。亦即，合伙人以外的人通过受让合伙人在合伙企业中的财产份额，无须订立书面入伙协议，只需修改原合伙协议即可成为合伙企业的合伙人；并且，作为受让人的合伙人以外的人，通过受让财产份额继受了原合伙人在合伙企业中的各项权利和义务，不涉及适用《合伙企业法》第43条和第44条规定的问题，其他合伙人也没有义务向作为受让人的合伙人以外的人如实告知原合伙企业的经营和财务状况。

23. 成为合伙企业的合伙人的方式有哪些？

《合伙企业法》规定的合伙人以外的人成为合伙企业的合伙人的方式，有以下几种：

一是，作为新合伙人通过入伙的方式（即认缴合伙企业的新的出资）而成为合伙人。这种方式由《合伙企业法》第43条作出了规定。

二是，通过受让已有合伙人在合伙企业中的财产份额而成为合伙人。这种方式由《合伙企业法》第19条第2款、第22条第1款、第24条、第42条第2款、第73条、第74条作出了规定，包括在法院的强制执行程序中受让相应的财产份额、因作为合伙人的公司分立以及无偿划转等应当适用《合伙企业法》有关财产份额转让的规定的情形。

三是，在自然人普通合伙人死亡或者被依法宣告死亡时，对该合伙人在合伙企业中的财产份额享有合法继承权的继承人，按照合伙协议的约定或者经全体合伙人一致同意而取得该合伙企业的合伙人资格。这种方式由《合伙企业法》第50条作出了规定。

四是，自然人有限合伙人死亡或被依法宣告死亡或者作为有限合伙人的法人及其他组织终止时，其继承人或者权利承受人依照《继承法》或《公司法》等法律的规定取得该有限合伙人在有限合伙企业中的资格。这种方式由《合伙企业法》第80条作出了规定。

值得注意的是，在合伙人以外的人依法受让合伙人在合伙企业中的财产份额的情况下，如果不涉及其他合伙人或合伙人以外的其他主体，即使合伙企业未办理与该转让相关的变更登记、未将受让人登记为合伙企业的合伙人，受让人作为合伙企业的合伙人的身份仍然可能得到法院的认可。

第二十五条　【以合伙企业财产份额出质】合伙人以其在合伙企业中的财产份额出质的，须经其他合伙人一致同意；未经其他合伙人一致同意，其行为无效，由此给善意第三人造成损失的，由行为人依法承担赔偿责任。

注解

合伙人财产份额的出质是指合伙人将其在合伙企业中的财产份额作为质押物来担保债权人实现债权的行为。

[合伙人财产份额质押的条件]

合伙人可以以其在合伙企业中的财产份额作为质物，与他人签订质押合同，但必须经其他合伙人一致同意。担保债权人的债权得以实现，必然影响着合伙企业和其他合伙人的利益。

应用

24. 普通合伙人未经其他合伙人一致同意将其在普通合伙企业中的财产份额出质的行为的效力如何？

《合伙企业法》第25条对普通合伙人未经其他合伙人一致同意将其在普通合伙企业中的财产份额出质的行为的效力作出了明确的规定，即"其行为无效"。

25. 在接受普通合伙企业的合伙人以其在合伙企业中的财产份额提供的质押担保时，第三人是否有义务确认出质行为已经取得其他合伙人的一致同意？

在第三人是否负有审查义务方面，最高人民法院的下述意见可作参考："《中华人民共和国公司法》第十六条明确规定公司为其股东提供担保，须经股东会或股东大会决议，法律规定具有公示作用，任何第三人均应知悉，丁某作为债权人仅凭保证合同中'已按有关规定和程序取得本合同担保所需要的授权'的单方陈述，就签订保证合同，未尽相应审查义务，属于存在过失，二审法院认为丁某未尽到应尽的注意义务，对担保合同无效具有过错，应承担相应责任，具有事实依据并无不当。"[丁某与张某清、张某彬等民间借贷纠纷申请再审案（（2015）民申字第3236号民事裁定书）]

尽管最高人民法院的上述意见是针对《公司法》第16条的规定作出的，但一般认为可以参照适用于《合伙企业法》第25条的情形。

26. 普通合伙人未经其他合伙人一致同意的出质行为无效的法律后果？

在普通合伙人未经普通合伙企业的其他合伙人一致同意而以其在合伙企业中的财产份额提供的质押担保被确认为无效之后，应当先适用《合伙企法》第25条关于"由此给善意第三人造成损失的,由行为人依法承担赔偿责任"的规定。

此外,《民法典》第388条第2款规定,担保合同被确认无效后,债务人、担保人、债权人有过错的,应当根据其过错各自承担相应的民事责任。《最高人民法院关于适用〈中华人民共和国民法典〉有关担保制度的解释》第17条规定,主合同有效而第三人提供的担保合同无效,人民法院应当区分不同情形确定担保人的赔偿责任:(一)债权人与担保人均有过错的,担保人承担的赔偿责任不应超过债务人不能清偿部分的二分之一;(二)担保人有过错而债权人无过错的,担保人对债务人不能清偿的部分承担赔偿责任;(三)债权人有过错而担保人无过错的,担保人不承担赔偿责任。主合同无效导致第三人提供的担保合同无效,担保人无过错的,不承担赔偿责任;担保人有过错的,其承担的赔偿责任不应超过债务人不能清偿部分的三分之一。

配套

《合伙企业法》第72条

第三节 合伙事务执行

第二十六条 【合伙事务的执行】 合伙人对执行合伙事务享有同等的权利。

按照合伙协议的约定或者经全体合伙人决定,可以委托一个或者数个合伙人对外代表合伙企业,执行合伙事务。

作为合伙人的法人、其他组织执行合伙事务的,由其委派的代表执行。

注解

[合伙事务执行权]

(1)合伙事务的定义。所谓"合伙事务",既包括合伙企业内部入伙与退伙、转让与继承、解散与清算、处分合伙企业财产、改变合伙企业名称、延长合伙企业经营期限等行为,也包括合伙企业日常例行的业务经营活动,如与第三人签订合同、制订经营计划、选择进货渠道、规定商品和服务价格等。

(2)根据本条第1款的规定,合伙人对执行合伙事务享有同等的权利,赋予了合伙人在合伙企业中平等的管理权、经营权、表决权、监督权和代表权，对合伙人的权利予以法律保护。这里需要注意，行为的决定与决定的执行是有区别的。合伙事务执行，须由全体合伙人共同决定，但对经全体合伙人共同决定事务的执行，按照合伙协议的约定或者经全体合伙人决定，可以委托一个或者数个合伙人对外代表合伙企业，执行合伙事务。如何规范合伙的事务执行，对于充分保障合伙人的权利以及积极促进合伙企业业务的顺利开展具有十分重要的意义。

应 用

27. "代表合伙企业"与"执行合伙事务"是什么关系？

二者有所交叉，也有所区别，举例说明如下：

一是，"代表合伙企业"与"执行合伙事务"都有可能是对外的，都可以由执行事务合伙人实施。

二是，"执行合伙事务"只能由执行事务合伙人负责，其他人员不能为之；但是，合伙企业可以授权其他人员"代表合伙企业"，比如授权合伙企业的经营管理人员实施相应的行为。此外，在清算阶段，清算人也有权代表合伙企业处理清算事务。

三是，"执行合伙事务"涉及的事项可能更多地属于合伙企业的管理性的、执行性的事务，而"代表合伙企业"涉及的事项则不限于此，可能要比"执行合伙事务"涉及的事项更广泛，往往是合伙企业与外部的事项。

28. 什么是执行事务合伙人？

《合伙企业法》第26条规定了两类执行事务合伙人：一类是法定的执行事务合伙人，另一类则是接受全体合伙人的委托担任的执行事务合伙人。

（1）法定的执行事务合伙人

对普通合伙企业而言，每一个普通合伙人都享有执行合伙事务的权利。这一权利是法定的，根据《合伙企业法》第26条第2款和第27条第1款的规定，只有在每一个合伙人均明确"放弃"的情况下——每一个合伙人通过其签署的合伙协议的约定或经其同意的"全体合伙人决定"，作出了放弃的选择——才不再执行合伙事务。

（2）受委托的执行事务合伙人

在规定普通合伙企业的每一个合伙人对执行合伙事务享有同等的权利的

同时,《合伙企业法》第 26 条第 2 款也允许普通合伙企业的全体合伙人依法委托一个或数个合伙人担任执行事务合伙人,而不是由每一个合伙人都执行合伙事务。这种"依法委托"包括两种方式:一种是通过"合伙协议的约定"而委托,另一种是"经全体合伙人决定"而委托。也因此,普通合伙企业的全体合伙人委托执行事务合伙人,应当采用书面形式;其书面形式,可以是专门的委托书,也可以是合伙协议中的委托条款。

29. 普通合伙企业的执行事务合伙人是否可以要求合伙企业向其支付报酬?

参考《合伙企业法》第 67 条关于有限合伙企业的执行事务合伙人要求报酬的规定,可以在合伙协议中约定普通合伙企业的执行事务合伙人的报酬事宜;但是,在担任执行事务合伙人的普通合伙人以劳务对合伙企业进行出资的情形,则需要结合合伙协议关于该普通合伙人的劳务出资及其评估办法的约定加以确定。

配 套

《合伙企业法》第 37 条

第二十七条 【不执行合伙事务的合伙人的监督权】依照本法第二十六条第二款规定委托一个或者数个合伙人执行合伙事务的,其他合伙人不再执行合伙事务。

不执行合伙事务的合伙人有权监督执行事务合伙人执行合伙事务的情况。

注 解

不执行合伙事务的合伙人虽不执行合伙企业的日常事务,但仍有参与企业重大事务的决定权;其有权对执行事务合伙人执行合伙事务的情况进行监督。

其行使监督权的方式主要有:(1) 询问和检查执行情况。执行合伙事务的合伙人要向不执行合伙事务的合伙人报告业务经营情况,必要时不执行合伙事务的合伙人有权查阅企业的有关会计账簿等,以使其了解合伙企业的财产状况及其他经营活动细节。(2) 提出异议、请求暂时停止执行。当不执行合伙事务的合伙人发现正在执行事务的合伙人行为不当或错误，有可能给全体合伙人的共同利益造成损害时，有权对其他合伙人执行的事务提出异议，请求执行事务的合伙人暂停他正在执行而尚未完成的合伙事务。

> 配套

《合伙企业法》第28、29条

第二十八条 【执行事务合伙人的报告义务、权利义务承担及合伙人查阅财务资料权】 由一个或者数个合伙人执行合伙事务的，执行事务合伙人应当定期向其他合伙人报告事务执行情况以及合伙企业的经营和财务状况，其执行合伙事务所产生的收益归合伙企业，所产生的费用和亏损由合伙企业承担。

合伙人为了解合伙企业的经营状况和财务状况，有权查阅合伙企业会计账簿等财务资料。

> 注解

本条第1款规定了执行事务合伙人的报告义务、执行合伙事务行为的效力；第2款则规定了普通合伙企业的合伙人的查阅权。

[执行事务合伙人的报告义务]

执行事务合伙人的报告义务，有以下几层含义：

一是，在报告的主体方面，每一个执行事务合伙人均负有报告义务。执行事务合伙人以外的合伙人不负有此项报告义务。

二是，在报告的对象方面，执行事务合伙人应向其他合伙人（包括其他执行事务合伙人以及不执行合伙事务的合伙人）作出报告。

三是，在报告的内容方面，执行事务合伙人需要报告的事项包括合伙事务的执行情况、合伙企业的经营状况和合伙企业的财务状况。

四是，在报告的期限方面，《合伙企业法》只提出了原则性的要求，即"定期报告"。

值得注意的是，《合伙企业法》没有对执行事务合伙人向其他合伙人报告的具体期限、次数、报告的具体事项、报告的形式等作出规定，这些事项可以根据《会计法》《企业财务会计报告条例》《企业会计制度》（或《企业会计准则》或《小企业会计准则》)等的规定,由合伙协议作出约定或由全体合伙人在委托执行事务合伙人的决定中加以规定。比如,在"定期"方面,要求执行事务合伙人每个月、每个季度或每年都作出报告。

[执行合伙事务的行为的效力]

执行事务合伙人执行合伙事务的行为的效力,即"其执行合伙事务所产生的收益归合伙企业,所产生的费用和亏损由合伙企业承担"。

普通合伙企业的执行事务合伙人作为代表普通合伙企业从事民事活动的负责人,其执行合伙事务的行为,系代表合伙企业的行为,属于以普通合伙企业的名义实施的民事行为,对合伙企业具有约束力,其法律后果(包括相应的利益和不利益)自应由合伙企业承受。

应用

30. 普通合伙企业中享有查阅权的主体有哪些?

在查阅权的主体方面,《合伙企业法》第28条第2款所说的"合伙人",指的是普通合伙企业的每一个合伙人,既包括执行事务的合伙人,又包括不执行合伙事务的合伙人。甚至,即使是在合伙人将其在合伙企业中的财产份额转让给他人的情况下,如果该合伙人要求查阅的是其担任合伙企业合伙人期间的合伙企业的财务资料,执行事务合伙人也不应拒绝。

31. 合伙人行使查阅权是否需要说明目的?

《合伙企业法》第28条第2款尽管规定了"合伙人为了解合伙企业的经营状况和财务状况,有权查阅……"但并没有要求合伙企业的合伙人在其要求查阅合伙企业的财务资料时向合伙企业说明目的。因此,合伙人享有的对合伙企业的财务资料的查阅权,不以说明目的为前提。

32. 合伙人行使查阅权有次数限制吗?

在查阅权的行使次数方面,由于《合伙企业法》第28条第2款没有对合伙人查阅合伙企业财务资料的次数作出限制,因此,普通合伙企业的合伙人查阅合伙企业财务资料的权利,原则上没有次数方面限制。不过,一般认为,合伙人行使查阅权并非不受任何限制,至少应当提前通知合伙企业,并且合伙人行使查阅权不应对合伙企业的正常生产经营造成不利影响。

33. 普通合伙企业的合伙人是否享有法定复制权?

《合伙企业法》只赋予了普通合伙企业的合伙人对合伙企业的财务资料

的查阅权,并没有赋予其复制权。在合伙协议没有约定合伙人可以复制合伙企业的财务资料的情况下,如果合伙人要求复制合伙企业的财务资料,执行事务合伙人或合伙企业可以拒绝其要求。

第二十九条 【提出异议权和撤销委托权】合伙人分别执行合伙事务的,执行事务合伙人可以对其他合伙人执行的事务提出异议。提出异议时,应当暂停该项事务的执行。如果发生争议,依照本法第三十条规定作出决定。

受委托执行合伙事务的合伙人不按照合伙协议或者全体合伙人的决定执行事务的,其他合伙人可以决定撤销该委托。

注解

本条第1款规定了普通合伙企业合伙事务执行的异议制度,第2款则规定了执行合伙事务委托的撤销制度。

[合伙事务执行的异议权及其适用条件]

一是,在适用情形方面,仅适用于"合伙人分别执行合伙事务"的情形,包括《合伙企业法》第26条第2款所说的委托数个合伙人执行合伙事务的情形。二是,在权利主体方面,仅适用于执行事务合伙人,不执行合伙事务的合伙人不享有此项异议权。三是,在适用对象方面,异议权指向的对象是其他执行事务合伙人所执行的合伙事务,不适用于执行事务合伙人以外的人(如合伙企业的经营管理人员)根据合伙企业的授权履行职务的行为。

[执行合伙事务委托的撤销及其适用条件]

一是,在享有撤销权的主体方面,"其他合伙人"才享有此项权利。至于"其他合伙人可以决定撤销执行合伙事务的委托",是指"其他合伙人一致同意后才可决定撤销",还是指"其他合伙人过半数同意后即可决定撤销",抑或是指"只要有一个合伙人决定撤销即可撤销"?对此,实践中,不同的法院有不同的处理意见。

二是,在适用的对象方面,仅适用于受委托执行合伙事务的合伙人,不适用于依照法律、行政法规的规定担任执行事务合伙人的合伙人。

三是,在适用的情形方面,仅在受委托执行合伙事务的合伙人不按照合伙协议的约定执行合伙事务，或者受委托执行合伙事务的合伙人不按照全体合伙人的决定执行合伙事务的情况下，其他合伙人才可以撤销其对该执行事务合伙人的委托。

第三十条 【合伙企业有关事项的表决办法】合伙人对合伙企业有关事项作出决议，按照合伙协议约定的表决办法办理。合伙协议未约定或者约定不明确的，实行合伙人一人一票并经全体合伙人过半数通过的表决办法。

本法对合伙企业的表决办法另有规定的，从其规定。

注解

根据本条的规定，关于普通合伙企业的表决办法，在《合伙企业法》有作规定的情况下，应当首先适用《合伙企业法》的规定；在《合伙企业法》未作规定而合伙协议有作约定的情况下，则应当适用合伙协议的约定；在《合伙企业法》未作规定并且合伙协议也未作约定或者虽然有作约定但是约定不明确的情况下，则应当实行"合伙人一人一票并经全体合伙人过半数通过"的表决办法。

[合伙协议约定表决办法]

根据《合伙企业法》第30条第1款的规定，《合伙企业法》允许合伙人基于平等协商在合伙协议中自主约定对合伙人决议事项的表决办法——只要这种约定取得全体合伙人的一致同意即可，比如，按资本多数决（包括简单多数或特别多数）、人数多数决（包括简单多数或特别多数）或资本多数决与人数多数决相结合，或者某个合伙人或部分合伙人对部分事项或全部事项享有一票否决权或者超级投票权，等等。

第三十一条 【须经全体合伙人一致同意的事项】除合伙协议另有约定外，合伙企业的下列事项应当经全体合伙人一致同意：

（一）改变合伙企业的名称；

（二）改变合伙企业的经营范围、主要经营场所的地点；

（三）处分合伙企业的不动产；

（四）转让或者处分合伙企业的知识产权和其他财产权利；

（五）以合伙企业名义为他人提供担保；

（六）聘任合伙人以外的人担任合伙企业的经营管理人员。

> **注解**

这是关于须经全体合伙人一致同意的合伙企业事项的规定，但有个前提性条件，即合伙协议没有另有约定。这也体现了合伙协议优先的原则。依照本条的规定，除合伙协议另有约定外，应当经全体合伙人一致同意的事项主要是：

（1）改变合伙企业的名称。改变合伙企业名称既涉及每个合伙人的利益又涉及全体合伙人作为一个整体的"商誉"，所以应当经全体合伙人一致同意。

（2）改变合伙企业的经营范围、主要经营场所的地点。合伙企业的经营范围是指依法允许合伙企业从事生产经营的具体的商品品种类别或者服务项目，反映了合伙企业的生产经营活动的内容和方向，并体现着合伙企业的民事权利能力和行为能力。合伙企业的经营范围和主要经营场所的地点既是申请设立合伙企业所提交申请文件必备内容之一，也是合伙协议应当载明的事项，而合伙协议生效的前提是全体合伙人一致同意的意思表示，故而改变合伙企业的经营范围、主要经营场所的地点属于修改合伙协议的重大事项，依照本法应当经全体合伙人一致同意。

（3）处分合伙企业的不动产。所谓"不动产"，是指土地、附着于土地的建筑物及其他定着物、建筑物的固定附属设备等。合伙企业的不动产，是指合伙人的不动产出资和所有以合伙企业名义取得的不动产收益。合伙企业的不动产依法由全体合伙人共同管理和使用，未经全体合伙人一致同意，不得处分。

（4）转让或者处分合伙企业的知识产权和其他财产权利。所谓"知识产权"是指民事主体因创造性智力劳动成果而依法享有的一种民事权利；所谓"其他财产权利"，是指除土地使用权、知识产权以外的其他财产权利，如承包经营权、探矿权、采矿权等，这些权利可以依法转让，具有经济价值和经济利益。

（5）以合伙企业名义为他人提供担保。所谓"担保"，是指保证债务清偿和债权实现的法律制度。

（6）聘任合伙人以外的人担任合伙企业的经营管理人员。由于聘任经营管理人员履行职务时实施的行为，其法律后果由合伙企业也就是全体合伙人来承担，同样事关每一个合伙人的利益。因此，也应当经全体合伙人一致同意方可决定聘任。

第三十二条　【竞业禁止和限制合伙人同本合伙企业交易】合伙人不得自营或者同他人合作经营与本合伙企业相竞争的业务。

除合伙协议另有约定或者经全体合伙人一致同意外，合伙人不得同本合伙企业进行交易。

合伙人不得从事损害本合伙企业利益的活动。

注解

（1）禁止同业竞争。是指合伙人不得自营或同他人合作经营与本合伙企业经营业务相同或相关的业务。具体而言，"与本合伙企业相竞争的业务"，通常是指与本合伙企业经营业务相同或相关的业务；同业竞争的主要方式是自营或者同他人合作经营与本合伙企业相竞争的业务。

（2）禁止自我交易。这种限制是有前提条件的，即合伙协议另有约定或者全体合伙人一致同意的除外，也就是说，如果合伙协议另有约定或者经全体合伙人一致同意，合伙人是可以按照约定或者一致同意的意见与本合伙企业进行交易的。

（3）合伙人不得从事损害本合伙企业利益的活动。如合伙人为了密谋私利与第三人恶意串通损害合伙企业利益的活动。按照本法关于法律责任的规定，合伙人违反本法规定或者合伙协议的约定，从事与本合伙企业相竞争的业务或者与本合伙企业进行交易的，该收益归合伙企业所有；给合伙企业或者其他合伙人造成损失的，依法承担赔偿责任。

配套

《合伙企业法》第99条

第三十三条　【利润分配和亏损分担】合伙企业的利润分配、亏损分担，按照合伙协议的约定办理；合伙协议未约定或者约定不明确的，由合伙人协商决定；协商不成的，由合伙人按照实缴出资比例分配、分担；无法确定出资比例的，由合伙人平均分配、分担。

合伙协议不得约定将全部利润分配给部分合伙人或者由部分合伙人承担全部亏损。

注解

[合伙企业的损益分配]

合伙企业的损益分配首先应当按照合伙协议的约定办理，本法也是将利润分配和亏损分担方式作为合伙协议应当载明的事项的；如果合伙协议未约定或者约定不明确的，则由合伙人协商决定；如果协商不成的，再由合伙人按照实缴出资比例分配、分担；如果无法确定出资比例的，最后由合伙人平均分配、分担，即无论出资多少、贡献大小，一律按合伙人数平均分配利润和分担亏损。

合伙协议不得约定将全部利润分配给部分合伙人或者由部分合伙人承担全部亏损。否则，合伙协议是无效的。

最后需要指出的是，由于采用有限合伙形式的风险投资企业，大多在协议中约定，有限合伙人可以在合伙企业成立后的前几年分取合伙企业的全部利润，以收回投资。为了鼓励、推动风险投资事业发展，法律应考虑有限合伙企业在利润分配上的这种特殊性，因此，本法在有限合伙企业一章中增加了一条规定："有限合伙企业不得将全部利润分配给部分合伙人；但是，合伙协议另有约定的除外"，这是本法根据有限合伙企业的特点，在利润分配问题上作出的不同于普通合伙企业且比普通合伙企业更加灵活的规定。

第三十四条　【增加或减少对合伙企业的出资】 合伙人按照合伙协议的约定或者经全体合伙人决定，可以增加或者减少对合伙企业的出资。

应用

34. 合伙企业增加出资，合伙人是否享有优先认缴新增出资的权利？

在增加出资的优先认缴方面，《合伙企业法》没有赋予合伙人优先认缴新增出资的权利，应当按照合伙协议的约定办理；在合伙协议未作约定的情况下，应由全体合伙人协商一致后按照全体合伙人的一致意见办理。在增加出资的分配方面，可以由原合伙人按照各自实缴的出资比例认缴新增出资；也可以由原合伙人不按出资比例认缴新增出资，比如，由部分合伙人认缴全部新增出资；还可以由合伙人以外的人认缴部分或全部新增出资。

第三十五条 【经营管理人员】被聘任的合伙企业的经营管理人员应当在合伙企业授权范围内履行职务。

被聘任的合伙企业的经营管理人员，超越合伙企业授权范围履行职务，或者在履行职务过程中因故意或者重大过失给合伙企业造成损失的，依法承担赔偿责任。

注解

本条第1款要求普通合伙企业的经营管理人员在授权范围内履行职务；第2款则对普通合伙企业的经营管理人员的超越授权范围履行职务或履行职务因故意或重大过失给合伙企业造成损失的赔偿责任作出了规定。

应用

35. 如何认定合伙企业的经营管理人员的职务行为的效力？

合伙企业的经营管理人员根据合伙企业的授权履行职务的行为，属于《民法典》第170条所说的执行非法人组织工作任务的行为。因此，在对外关系上，被聘任的合伙企业的经营管理人员代表合伙企业履行职务的行为，属于代理行为。

根据《民法典》第170条第1款的规定，被聘任的合伙企业的经营管理人员，作为执行合伙企业工作任务的人员，就其职权范围内的事项，以合伙企业的名义实施的民事法律行为，对合伙企业发生效力、对合伙企业具有约束力。

此外，根据《民法典》第170条第2款关于"法人或者非法人组织对执行其工作任务的人员职权范围的限制，不得对抗善意相对人"的规定，合伙企业对被聘任的合伙企业的经营管理人员职权范围的限制，不具有对抗善意相对人的效力。

因此，被聘任的合伙企业的经营管理人员超越授权范围履行职务与第三人发生的交易行为，并非当然无效或有效。如果第三人是善意的，那么，该交易行为对合伙企业发生效力；反之，第三人知道或应当知道被聘任的合伙企业的经营管理人员超越授权，那么，该交易行为对合伙企业就不应发生效力。

总之，认定该交易行为是否对合伙企业发生效力，还应当结合《民法典》第171条关于无权代理、第172条关于表见代理的规定，并结合《民法典》第143条、第153条、第154条关于民事法律行为无效的规定，综合加以判断。

第三十六条　【财务、会计制度】合伙企业应当依照法律、行政法规的规定建立企业财务、会计制度。

第四节　合伙企业与第三人关系

第三十七条　【保护善意第三人】合伙企业对合伙人执行合伙事务以及对外代表合伙企业权利的限制，不得对抗善意第三人。

注解

[善意第三人]

这里的"善意第三人"是指按照诚实信用原则与合伙人进行了交易，并确信合伙人有权行使此项权利的人员。对于善意第三人，由于其在设定法律关系时不知道或者不能知道合伙人是存在权利瑕疵的，其在交易中所取得的财产或利益是无权的合伙人所让与并且是有偿取得的，那么为了维护交易的安全和社会经济关系的稳定，其权益理应得到法律保护。如果第三人明知合伙人没有此种权利或者根据正常的判断应当知道合伙人没有此种权利，则不是善意的第三人而是恶意的第三人。对于恶意第三人，合伙企业则有权对抗，其与合伙人所进行的交易对合伙企业不产生法律效力。

[合伙事务执行中的对外代表权]

合伙企业代表人在其权限范围内得以代表合伙企业，为了全体合伙人的利益，与第三人进行交易，其行为后果，由全体合伙人承担。

执行事务合伙人在事务执行权限范围内代表合伙企业的权利，与公司制企业中法定代表人的代表权相接近，但是法定代表人代表的是法人，而在合伙企业中的执行事务合伙人则是通过代表合伙企业来间接代表其他合伙人。

第三十八条 【合伙企业对其债务先以其全部财产进行清偿】合伙企业对其债务，应先以其全部财产进行清偿。

注解

合伙企业对其债务应先以其全部财产进行清偿。所谓"应先以其全部财产进行清偿"，是指合伙企业的债务，应先由合伙企业的财产来承担，即在合伙企业拥有自己的财产时，合伙企业的债权人应先从合伙企业的全部财产中求偿，而不应当向合伙人个人直接求偿。

应用

36. 在合伙企业以其全部财产对其债务进行清偿前，合伙人可否先以其自有财产对合伙企业的债务进行清偿？

对此法律未作明确规定，但在合伙协议有约定或合伙人自愿清偿的前提下，应认为是可以的。

配套

《个人独资企业法》第 18 条

第三十九条 【无限连带责任】合伙企业不能清偿到期债务的，合伙人承担无限连带责任。

注解

[合伙人的无限责任]

合伙人的无限责任，是指当合伙企业的全部财产不足以偿付到期债务时，各个合伙人承担合伙企业的债务不是以其出资额为限，而是必须以其自有财产来清偿合伙企业的债务。

[合伙人的连带责任]

合伙人的连带责任，是指当合伙企业的全部财产不足以偿付到期债务时，合伙企业的债权人对合伙企业所负的债务可以向任何一个合伙人主张，该合伙人不得拒绝。但是该合伙人在承担了合伙企业全部债务后，有权向其他合伙人追偿，其他合伙人对已经履行了合伙企业全部债务的合伙人，承担按份之债，即按自己应当承担的份额履行债务。

> 应用

37. 使用个人独资企业营业执照，但实际以合伙方式经营企业的，如何认定企业的性质及责任承担？

在当事人约定合伙经营企业仍使用合资前个人独资企业营业执照，且实际以合伙方式经营企业的情况下，应据实认定企业的性质。各合伙人共同决定企业的生产经营活动，也应共同对企业生产经营过程中对外所负的债务负责。合伙人故意不将企业的个人独资企业性质据实变更为合伙企业的行为，不应成为各合伙人不承担法律责任的理由。[南通双某贸易有限公司诉镇江市丹徒区联某机械厂、魏某聂等六人买卖合同纠纷案（《最高人民法院公报》2011年第7期）]

38. 当合伙企业的财产不足以清偿全部债务时，各合伙人是否应与合伙企业一起承担连带清偿责任？

合伙企业债务的承担分为两个层次：第一顺序的债务承担人是合伙企业，第二顺序的债务承担人是全体合伙人。《合伙企业法》第39条所谓的"连带责任"，是指合伙人在第二顺序的责任承担中相互之间所负的连带责任，而非合伙人与合伙企业之间的连带责任。[南通双某贸易有限公司诉镇江市丹徒区联某机械厂、魏某聂等六人买卖合同纠纷案（《最高人民法院公报》2011年第7期）]

> 配套

《合伙企业法》第53、83、84、91条

第四十条 【追偿权】合伙人由于承担无限连带责任，清偿数额超过本法第三十三条第一款规定的其亏损分担比例的，有权向其他合伙人追偿。

> 注解

本条规定了普通合伙人在对合伙企业的债务承担清偿责任之后对其他合伙人享有追偿权。

根据《合伙企业法》第39条和第92条第1款的规定，在对外关系上，为保护合伙企业的债权人利益并方便合伙企业的债权人实现债权，合伙企

的债权人可基于其需求、自主要求合伙企业的某一个或某几个普通合伙人清偿合伙企业未能清偿的全部债务；但是，在普通合伙人内部，各普通合伙人应按照约定或法定的亏损分担比例进行分担，合伙协议甚至可以参考《合伙企业法》第57条关于特殊普通合伙的合伙人承担责任的规定对合伙人承担责任的具体情形作出不同的安排，这种安排虽然不能对抗善意第三人，但在普通合伙人内部是有约束力的。

因此，在一个或数个普通合伙人因合伙企业的债权人要求对合伙企业不能清偿的到期债务承担无限或无限连带清偿责任，而导致其对合伙企业的债权人清偿的数额超过了其按照依《合伙企业法》第33条第1款的规定所确定的该普通合伙人的亏损分担比例而本应承担的数额的情况下，就其超额清偿的数额，该等普通合伙人对其他实际未作清偿或清偿数额未达到按照依《合伙企业法》第33条第1款的规定所确定的亏损分担比例而本应承担的数额的合伙人享有追偿权。

应用

39. 普通合伙人向其他合伙人行使追偿权的条件？

一是合伙企业自身的全部财产不足以清偿其到期债务，该普通合伙人被合伙企业的债权人要求承担清偿责任，并且，该普通合伙人已经向合伙企业的债权人进行了清偿。

二是该普通合伙人对合伙企业的债权人清偿的合伙企业的到期债务的数额，超过了该普通合伙人按照依《合伙企业法》第33条第1款的规定所确定的该普通合伙人的亏损分担比例本来应当清偿的合伙企业的债务的数额。

第四十一条 【相关债权人抵销权和代位权的限制】合伙人发生与合伙企业无关的债务，相关债权人不得以其债权抵销其对合伙企业的债务；也不得代位行使合伙人在合伙企业中的权利。

注解

[对合伙人的债权人抵销权的限制]

（1）抵销权。是指二人互负债务时，各以其债权充当债务清偿，而使自己的债务与对方的债务在对等的数额内消灭。

（2）对合伙人的债权人抵销权的限制：如果合伙人发生与合伙企业无关

的债务，则合伙人只能以自有财产来进行清偿，而不能以其投入到合伙企业中的财产来履行清偿与合伙企业无关的债务。

[对合伙人的债权人代位权的限制]

（1）代位权。是指债权人以自己的名义行使债务人之权利的权利。

（2）对合伙人的债权人代位权的限制：合伙人发生与合伙企业无关的债务，相关债权人不得代位行使合伙人在合伙企业中的权利，如合伙企业财产管理权、转让份额权、企业财产出质同意权、事务执行权、监督检查权、提出异议权、重大事项决定权和利润分配权等。

> 应 用

40. 如何界定"与合伙企业无关的债务"以及"与合伙企业有关的债务"？

有观点认为可以以合伙企业是否从合伙人的该等债务中获得利益或不利益作为判断标准：如果合伙企业从中获得利益或不利益，则属于与合伙企业有关的债务，否则就属于与合伙企业无关的债务。比如，合伙人个人的生活贷款、合伙人其他经营发生的债务，甚至是合伙人为缴付其对合伙企业的出资而借入的贷款，合伙企业都未从中获得利益，应属于"与合伙企业无关的债务"。其中，合伙人因代合伙企业偿还应由合伙企业支付的费用而借入的贷款，因合伙企业从中受益而可能属于与合伙企业有关的债务。

第四十二条　【以合伙企业中的财产份额偿还债务】合伙人的自有财产不足清偿其与合伙企业无关的债务的，该合伙人可以以其从合伙企业中分取的收益用于清偿；债权人也可以依法请求人民法院强制执行该合伙人在合伙企业中的财产份额用于清偿。

人民法院强制执行合伙人的财产份额时，应当通知全体合伙人，其他合伙人有优先购买权；其他合伙人未购买，又不同意将该财产份额转让给他人的，依照本法第五十一条的规定为该合伙人办理退伙结算，或者办理削减该合伙人相应财产份额的结算。

> 注 解

1. 合伙人自有财产不足以清偿其与合伙企业无关的债务时的处理办法。

（1）该合伙人可以以其从合伙企业中分取的收益用于清偿。

（2）债权人可以依法请求人民法院强制执行该合伙人在合伙企业中的财产份额用于清偿。并且，债权人只能获得合伙人在合伙企业的财产份额，而不能取得合伙人的身份，也不能行使合伙人在合伙企业的权利。

2. 法院强制执行合伙人的财产份额时，其他合伙人的权利义务。

（1）优先购买权。是指权利人在出卖人将特定财产出卖时享有的较其他任何人优先买得该财产的权利。人民法院强制执行合伙人的财产份额时，应当通知全体合伙人，在此前提下，其他合伙人有优先购买权。

（2）如果其他合伙人未购买，又不同意将该财产份额转让给他人的，其他合伙人则有义务依照本法第51条的规定为该合伙人办理退伙结算，或者办理削减该合伙人相应财产份额的结算。

应 用

41. 在人民法院强制执行普通合伙人的财产份额时，其他普通合伙人如何行使优先购买权？

《合伙企业法》本身没有相关规定。最高人民法院出台的司法解释，则要求其他普通合伙人参与法院的强制执行程序，否则将被视为放弃优先购买权；此外，最高人民法院的司法解释也对其他合伙人行使优先购买权提出了其他的要求。

根据《最高人民法院关于人民法院民事执行中拍卖、变卖财产的规定》和《最高人民法院关于人民法院网络司法拍卖若干问题的规定》的规定，人民法院在执行程序中对冻结的被执行人在合伙企业中的财产份额进行变价处理时，应当首先采取网络司法拍卖方式。

在非网络司法拍卖过程中，在对被执行人在合伙企业中的财产份额进行拍卖时，《最高人民法院关于人民法院民事执行中拍卖、变卖财产的规定》第11条要求作为优先购买权人的其他合伙人必须在拍卖日到达拍卖现场，否则视为放弃优先购买权；并且第13条第1款规定，拍卖过程中，有最高应价时，优先购买权人可以表示以该最高价买受，如无更高应价，则拍归优先购买权人；如有更高应价，而优先购买权人不作表示的，则拍归该应价最高的竞买人。

在网络司法拍卖程序过程中，在对被执行人在合伙企业中的财产份额进行拍卖时，《最高人民法院关于人民法院网络司法拍卖若干问题的规定》第16条也要求作为优先购买权人的其他合伙人必须参与网络司法拍卖程序、竞买被网络司法拍卖的财产份额，否则将视为放弃优先购买权；并且，其他合伙人的优先购买权人身份需要经过人民法院确认、取得优先竞买资格以及优先竞买代码、参拍密码，并以优先竞买代码参与竞买；未经人民法院确认，其他合伙人不得以优先购买权人身份参与竞买。此外，在网络司法拍卖的成交价格方面，《最高人民法院关于人民法院网络司法拍卖若干问题的规定》第21条第1款规定，优先购买权人参与竞买的，可以与其他竞买人以相同的价格出价，没有更高出价的，拍卖财产由优先购买权人竞得；但在其他竞买人有更高出价的情况下，则适用《最高人民法院关于人民法院民事执行中拍卖、变卖财产的规定》第13条第1款的规定，即"如有更高应价，而优先购买权人不作表示的，则拍归该应价最高的竞买人"。

配 套

《合伙企业法》第51条

第五节 入伙、退伙

第四十三条 【入伙】 新合伙人入伙，除合伙协议另有约定外，应当经全体合伙人一致同意，并依法订立书面入伙协议。

订立入伙协议时，原合伙人应当向新合伙人如实告知原合伙企业的经营状况和财务状况。

注 解

本条第1款规定了新合伙人入伙的条件和程序；第2款则对原合伙人的告知义务作出了规定。

[新合伙人入伙的条件和程序]

入伙是合伙企业的合伙人以外的人成为合伙企业的合伙人的方式之一。

在入伙条件方面，在普通合伙企业的合伙协议未作其他约定的情况下，新合伙人入伙的条件是"经全体合伙人一致同意"；未经普通合伙企业的全体合伙人一致同意，合伙人以外的人不得入伙。这也是普通合伙企业人合性的要求。

在入伙程序方面，在合伙人内部，如前所述，普通合伙企业的合伙协议不可以约定新合伙人入伙无须订立入伙协议。因此，新合伙人入伙应当由新合伙人与普通合伙企业的原合伙人订立入伙协议。

问题是，根据《合伙企业法》第43条第1款的规定，在普通合伙企业的合伙协议约定新合伙人入伙不用取得全体合伙人一致同意的情况下，如果发生有合伙人不同意新合伙人入伙并且不同意新合伙人入伙的合伙人同样也不同意签署入伙协议的情况，应当如何处理？合伙协议应对此作出明确的约定为宜。

此外，在入伙程序方面，由于新合伙人入伙将导致合伙企业的合伙人增加并导致合伙企业的登记事项发生变更，因此，根据《合伙企业法》第13条关于"合伙企业登记事项发生变更的，执行合伙事务的合伙人应当自作出变更决定或者发生变更事由之日起十五日内，向企业登记机关申请办理变更登记"的规定，合伙企业的执行事务合伙人应当及时向企业登记机关办理相应的变更登记。

[原合伙人的告知义务]

在新合伙人入伙的情况下，普通合伙企业的原合伙人负有在"订立入伙协议时"向新合伙人履行如实告知义务。

由于新入伙的普通合伙人须对其入伙前合伙企业的债务承担无限连带责任、新入伙的有限合伙人须对其入伙前有限合伙企业的债务以其认缴的出资额为限承担责任，因此，原合伙人应将入伙前合伙企业的经营状况和财务状况如实告知新入伙的合伙人，以便新入伙的合伙人了解其所入伙的合伙企业的经营状况和财务状况，并确定其应当对其入伙前合伙企业的债务承担责任的范围。

需要注意的是，《合伙企业法》第43条第2款并没有对原合伙人履行如实告知义务的方式和告知原合伙企业的经营状况和财务状况的具体内容作出规定，这应由新合伙人根据自己的谈判地位和议价能力与原合伙人协商确定。

应用

42. 如何确定新入伙的人取得的合伙人资格的时间？

结合《合伙企业法》第19条第1款关于"合伙协议经全体合伙人签名、

盖章后生效。合伙人按照合伙协议享有权利，履行义务"的规定，在经全体合伙人一致同意并依法签订入伙协议的情况下，如果入伙协议未作其他约定，入伙协议应自入伙的新合伙人和全体原合伙人签署之日起生效，入伙人也相应取得合伙企业的合伙人资格并享有入伙协议约定的合伙人权利和义务；在合伙人内部，其合伙人资格的取得不以合伙企业办理完成相应的变更登记为前提。

值得注意的是，如前所说，合伙企业应就新合伙人入伙向企业登记机关办理相应的变更登记；未经变更登记，不具有对抗效力。

第四十四条 【新合伙人的权利、责任】 入伙的新合伙人与原合伙人享有同等权利，承担同等责任。入伙协议另有约定的，从其约定。

新合伙人对入伙前合伙企业的债务承担无限连带责任。

> **注解**

（1）新入伙人的权利：与原合伙人享有同等权利，主要包括合伙企业对外代表权、合伙企业事务执行权、合伙企业事务知悉权、合伙企业账簿查阅权、合伙企业事务表决权、合伙企业利润分配权、合伙企业剩余财产分配权、退伙权等。

（2）新入伙人的义务：与原合伙人承担同等义务，主要包括认缴出资、合伙企业事务执行、合伙企业竞业禁止、合伙企业亏损分担，等等。

（3）新入伙人的责任：无限连带责任。这里所说的"无限连带责任"，是指合伙企业的投资人除承担企业债务分到自己名下的份额外，还需对企业其他投资人名下的债务份额承担的连带性义务，即当其他投资人无力偿还其名下的债务份额时，自己有义务代其偿还债务份额。债权人也有权要求负有连带责任的人与债务人共同承担偿付债务的义务。具体包括：对入伙前合伙企业的债务承担无限连带责任。

> **配套**

《合伙企业法》第24、77条

第四十五条　【约定合伙期限的退伙】 合伙协议约定合伙期限的，在合伙企业存续期间，有下列情形之一的，合伙人可以退伙：

（一）合伙协议约定的退伙事由出现；
（二）经全体合伙人一致同意；
（三）发生合伙人难以继续参加合伙的事由；
（四）其他合伙人严重违反合伙协议约定的义务。

注解

[退伙]

退伙，是指合伙人身份归于消灭的法律事实。退伙的原因，可以是基于合伙人的意思表示，也可以基于与合伙人本人意志无关的事件。

[退伙的效力]

对退伙者本人而言，退伙使其合伙人身份归于消灭，失去共有人的资格；对合伙企业财产而言，退伙将导致部分出资的返还、盈余部分的分配或亏损的分担；对其他合伙人而言，退伙涉及合伙企业是否继续存在及是否要求退伙人承担赔偿责任的问题；对合伙企业的债权人而言，一人退伙即意味着减少了一个债务担保人和一份担保财产。

[退伙的种类]

退伙分为协议退伙、声明退伙、法定退伙、除名退伙。

[声明退伙]

本条规定的为声明退伙，也称为自愿退伙，是指基于合伙人的自愿而退伙，一般须有正当理由。否则，就是违规退伙，属于违约行为，应当赔偿由此给其他合伙人造成的损失。

应用

43. 在合伙企业清算开始之后、清算结束之前，合伙人是否可以退伙？

由于《合伙企业法》第 88 条第 3 款规定了"清算期间，合伙企业存续，但不得开展与清算无关的经营活动"，因此，在清算开始之后、清算结束之前，合伙企业是存续的，符合《合伙企业法》第 45 条所说的"合伙协议约定合伙期限的，在合伙企业存续期间，有下列情形之一的，合伙人可以退伙……"和第 46 条所说的"合伙协议未约定合伙期限的，合伙人在不给合伙企业事务执行造成不利影响的情况下，可以退伙……"的规定；从而，根据《合伙企业法》第45条和第46条的规定，如果合伙人的退伙不违反《合伙企业法》第45条、第46条的规定，那么，即使合伙企业已经进入了清算程序，合伙人也是可以要求退伙的。不过，因退伙涉及退伙结算和合伙企业财产份额的退还事宜，退伙结算应在合伙企业清算时一并进行，而不应在清算结束之前进行退伙结算，更不应在清算结束之前向退伙人退还财产份额。

虽然合伙人可以在合伙企业清算期间退伙，但退伙结算应在合伙企业清算时一并进行，退还退伙人的合伙企业财产份额应在依法向合伙人分配合伙企业的剩余财产时一并进行。

第四十六条　【未约定合伙期限的退伙】合伙协议未约定合伙期限的，合伙人在不给合伙企业事务执行造成不利影响的情况下，可以退伙，但应当提前三十日通知其他合伙人。

注解

［未约定合伙期限的退伙］

合伙协议可以约定合伙企业经营期限，也可以不约定合伙企业经营期限，这由合伙人自行决定。合伙人未约定合伙企业经营期限的，合伙人可以随时退伙。

［未约定合伙期限的退伙条件］

（1）实质性条件：不得给合伙企业事务执行造成不利影响。

（2）程序性条件：应当提前三十日通知其他合伙人。主要是基于以下因素考虑：一是便于其他合伙人能够及时就该合伙企业存续事宜作出安排；二是便于合伙企业能够就合伙人退伙问题作出安排。

应用

44. 如何判断"不给合伙企业事务的执行造成不利影响"？

判断是否给合伙企业事务的执行造成不利影响应结合具体情况加以分析。比如，执行事务合伙人退伙的情形，应至少是在新的执行事务合伙人已经产生并且原执行事务合伙人已经完成了向新的执行事务合伙人交接工作时，才不会给合伙企业事务的执行造成不利影响。

本条所说的"在不给合伙企业事务执行造成不利影响的情况下"，主要针对的是执行合伙事务的合伙人，对于不执行合伙事务的合伙人来讲，因其不执行合伙事务，其退伙通常不会对合伙企业事务的执行造成不利影响，应当不受此限。

45. 如果合伙人的退伙会给合伙事务的执行造成不利影响，该合伙人可以退伙吗？

合伙人提出退伙就至少表明其没有继续参与合伙的意愿，甚至还表明合伙人之间的信任关系已经受到减损、破坏甚至丧失，应当允许其退伙。此外，《合伙企业法》第47条针对普通合伙企业的合伙人违反《合伙企业法》第45条和第46条的规定退伙的行为，也只是规定了"应当赔偿由此给合伙企业造成的损失"，这也表明，不论是否存在《合伙企业法》第45条规定的退伙事由、是否满足《合伙企业法》第46条规定的退伙要求，普通合伙企业的合伙人都可以要求退伙；只不过，如果其退伙属于《合伙企业法》第47条所说的"合伙人违反本法第四十五条、第四十六条的规定退伙的"，就应当赔偿由此给合伙企业造成的损失。

第四十七条 【违规退伙的法律责任】合伙人违反本法第四十五条、第四十六条的规定退伙的，应当赔偿由此给合伙企业造成的损失。

第四十八条 【当然退伙】合伙人有下列情形之一的，当然退伙：

（一）作为合伙人的自然人死亡或者被依法宣告死亡；

（二）个人丧失偿债能力；

（三）作为合伙人的法人或者其他组织依法被吊销营业执照、责令关闭、撤销，或者被宣告破产；

（四）法律规定或者合伙协议约定合伙人必须具有相关资格而丧失该资格；

（五）合伙人在合伙企业中的全部财产份额被人民法院强制执行。

合伙人被依法认定为无民事行为能力人或者限制民事行为能力人的，经其他合伙人一致同意，可以依法转为有限合伙人，普通合伙企业依法转为有限合伙企业。其他合伙人未能一致同意的，该无民事行为能力或者限制民事行为能力的合伙人退伙。

退伙事由实际发生之日为退伙生效日。

> **注 解**

[法定退伙]

1. 定义。法定退伙，又称当然退伙，是指出现法律规定的原因或条件，而导致的合伙人资格的消灭。法定退伙是一种当然退伙，合伙协议对此有相反约定的为无效约定。

2. 法定退伙的情形

（1）作为合伙人的自然人死亡或者被依法宣告死亡。由于人身权利的不可替代性和不可继承性，合伙人死亡后，除依照合伙协议的约定或经全体合伙人同意外，其继承人只能继承其在合伙企业中的财产权利，而不能继承其在合伙企业中的人身权利，因此，其继承人也就不能当然具有合伙人的地位和身份。

（2）个人丧失偿债能力。个人偿债能力，是指个人用其资产偿还长短期债务的能力。对个人而言，其有无支付现金的能力和偿还债务能力，是其能否健康发展的关键。

（3）作为合伙人的法人或者其他组织依法被吊销营业执照、责令关闭、撤销，或者被宣告破产。

（4）法律规定或者合伙协议约定合伙人必须具有相关资格而丧失该资格。在我国的社会经济体系中，出于安全、稳健、适度发展的需要，国家规定企业在经营相关行业时，需要具有相应的资格条件，如经营烟花爆竹、烟草产品等，需要特种行业经营资格。如果不具备或者失去这种资格，则意味着失去经营能力。

（5）合伙人在合伙企业中的全部财产份额被人民法院强制执行。合伙人必须对合伙企业出资，而资本是合伙企业存续的三大要素之一。当合伙人在合伙企业中的全部财产份额被人民法院强制执行时，表明合伙人在合伙企业中存续的基础丧失。这里的强制执行是广义的概念，既包括民事执行，也包括一部分行政执行。

[合伙人被依法认定为无民事行为能力人或者限制民事行为能力人的处理]

1. 限制民事行为能力人。限制民事行为能力人包括：（1）八周岁以上不满十八周岁的未成年人；（2）不能完全辨认自己行为的成年人。限制民事行为能力人可以进行与他的年龄、智力以及精神健康状况相适应的民事活动；其他民事活动由他的法定代理人代理，或者征得他的法定代理人的同意。否则其进行的民事活动无效。

2. 无民事行为能力人。无民事行为能力人包括：（1）不满八周岁的未成年人；（2）不能辨认自己行为的八周岁以上的自然人。无民事行为能力人不能独立进行民事活动，必须由他的法定代理人代理民事活动。否则其进行的民事活动无效。但无民事行为能力人和限制民事行为能力人接受奖励、赠与、报酬的行为有效。

3. 具体处理办法。合伙人被依法认定为无民事行为能力人或者限制民事行为能力人的，经其他合伙人一致同意，可以依法转为有限合伙人，普通合伙企业依法转为有限合伙企业；其他合伙人未能一致同意的，该无民事行为能力或者限制民事行为能力的合伙人退伙。

[退伙生效日]

退伙事由实际发生之日即为退伙生效日。

应用

46. 普通合伙人因不再具有完全民事行为能力而转为有限合伙人之后，对合伙企业的债务承担什么样的责任？

根据《合伙企业法》第2条第3款的规定，在普通合伙人转为有限合伙人之后，原普通合伙企业也已经变更为有限合伙企业，作为有限合伙企业的有限合伙人的该合伙人，对有限合伙企业新发生的债务，以其认缴的出资额为限承担责任。但是，对于原普通合伙企业在转为有限合伙企业之前的债务，该合伙人承担无限连带责任，这一责任不因其转为有限合伙人而归于消灭或发生变更。

47. 普通合伙企业转变为有限合伙企业，原普通合伙企业与转变后的有限合伙企业是否属于同一主体、原普通合伙企业的权利义务是否由转变后的有限合伙企业承继？

《合伙企业法》对此没有明确规定。一般认为，普通合伙企业转为有限合伙企业，只是合伙企业类型的变更（同时也会涉及部分合伙人承担责任的形式的变更等事项），原普通合伙企业与转变后的有限合伙企业应属于同一主体，原普通合伙企业的债权债务应由转变后的有限合伙企业承继。

48. 合伙人当然退伙会产生哪些法律效力？

（1）对内的效力

就对内关系而言，在合伙人当然退伙时，除《合伙企业法》第48条第2款和《合伙企业法》第50条规定的情形外，合伙人当然退伙的事由一经发生，即触发退伙，不以办理退伙涉及的变更登记为前提，并应当适用《合伙企业法》第51条至第54条的规定，即一是其他合伙人应当与该退伙人按照退伙时的合伙企业财产状况进行结算；二是合伙企业应当向退伙人退还退伙人应得的财产份额；三是退伙人对普通合伙企业在其退伙生效之后产生的债务不再承担责任；四是退伙人在退伙后对基于其退伙前的原因发生的普通合伙企业债务，仍然应当承担无限连带责任；五是退伙人退伙时，如果普通合伙企业的财产少于其债务，退伙人应当按照《合伙企业法》第33条第1款的规定分担合伙企业的亏损。

（2）对外的效力

在对外关系方面，在当然退伙自退伙事由发生之后，并不直接产生对外的对抗效力，而应以与该合伙人退伙相关的变更完成作为产生对抗效力的标准。不过，在当然退伙生效之后、与当然退伙涉及的变更登记完成之前，如果退伙人因普通合伙企业的债权人主张其对普通合伙企业不能清偿的债务承担无限连带责任而遭受了损失，退伙人可以根据《合伙企业法》第13条和第95条第3款的规定向负有责任的合伙企业的执行事务合伙人主张赔偿。

配 套

《合伙企业法》第50、78条

第四十九条 【除名退伙】合伙人有下列情形之一的，经其他合伙人一致同意，可以决议将其除名：

（一）未履行出资义务；

（二）因故意或者重大过失给合伙企业造成损失；

（三）执行合伙事务时有不正当行为；

59

（四）发生合伙协议约定的事由。

对合伙人的除名决议应当书面通知被除名人。被除名人接到除名通知之日，除名生效，被除名人退伙。

被除名人对除名决议有异议的，可以自接到除名通知之日起三十日内，向人民法院起诉。

注解

[除名退伙]

除名退伙，又称开除退伙，是指当某一合伙人违反有关法律法规或合伙协议的规定时，被其他合伙人一致同意开除退伙的情形。

[除名退伙的事由]

（1）未履行出资义务。

未履行出资义务，是合伙人在合伙协议约定的缴付出资期限内，无故不履行其出资义务，从而构成违反合伙协议的毁约行为。因此，合伙人未履行出资义务主要是指合伙人拒绝或者不能履行出资义务的行为，如果合伙人履行了部分出资义务，则不应属于未履行出资义务的情形。

（2）因故意或者重大过失给合伙企业造成损失。

在合伙企业存续期间，每个合伙人都负有相同的诚信义务，包括注意义务和忠实义务。所谓注意义务是指合伙人在履行自己职责和行使权利的过程中，应对企业、企业的其他合伙人和债权人承担适当和合理履行职责及行使权利的义务；所谓忠实义务，是指合伙人在履行自己职责和行使自己权利的过程中，必须最大限度地维护合伙企业、其他合伙人和债权人的利益，不得为自己谋取私利。如果合伙人因故意或者重大过失而给合伙企业造成损失的，合伙企业有权将其除名，并要求其赔偿损失。

（3）执行合伙事务时有不正当行为。

（4）发生合伙协议约定的事由。

[除名退伙的程序]

（1）经其他合伙人一致同意。

（2）合伙企业作出除名决议。除名决议一般采用书面形式，并载有除名事由。

（3）将除名决议书面通知被除名人。自被除名人接到除名通知之日起，除名生效，被除名人退伙。

[除名退伙的救济]

被除名人对除名决议有异议的，可以在接到除名通知之日起三十日内，依法向人民法院起诉，请求确认该合伙企业的开除退伙决定无效。

第五十条　【合伙人死亡时财产份额的继承】合伙人死亡或者被依法宣告死亡的，对该合伙人在合伙企业中的财产份额享有合法继承权的继承人，按照合伙协议的约定或者经全体合伙人一致同意，从继承开始之日起，取得该合伙企业的合伙人资格。

有下列情形之一的，合伙企业应当向合伙人的继承人退还被继承合伙人的财产份额：

（一）继承人不愿意成为合伙人；

（二）法律规定或者合伙协议约定合伙人必须具有相关资格，而该继承人未取得该资格；

（三）合伙协议约定不能成为合伙人的其他情形。

合伙人的继承人为无民事行为能力人或者限制民事行为能力人的，经全体合伙人一致同意，可以依法成为有限合伙人，普通合伙企业依法转为有限合伙企业。全体合伙人未能一致同意的，合伙企业应当将被继承合伙人的财产份额退还该继承人。

注解

本条第1款规定了自然人普通合伙人死亡后，其合法继承人可以在经全体合伙人一致同意的情况下取得该普通合伙企业的合伙人资格；第2款规定了在哪些情形下普通合伙企业应当向死亡的自然人合伙人的继承人退还该合伙人的财产份额；第3款则对死亡合伙人的继承人不具有完全民事行为能力人时的处理办法作出了规定。

应用

49. 自然人合伙人死亡，其合法继承人取得合伙人资格的条件是什么？

死亡自然人合伙人的合法继承人取得合伙人资格，应当以满足以下任一条件为前提：一个是，合伙协议明确约定了"在普通合伙企业的自然人合伙人死亡或被依法宣告死亡的情况下，对该合伙人在合伙企业中的财产份额享有合法继承权的继承人，可以从继承开始之日起，取得该合伙企业的合伙人资格"；另一个则是，合伙协议虽然没有对此作出约定，但是，在普通合伙企业的自然人合伙人死亡或被依法宣告死亡后，其他的全体合伙人一致同意"对该合伙人在合伙企业中的财产份额享有合法继承权的继承人，可以从继承开始之日起，取得该合伙企业的合伙人资格"。

只有在合伙协议没有约定的情况下，才能由也才需要由其他全体合伙人经由一致同意决定由死亡合伙人的合法继承人取得合伙人资格。

值得注意的是，《合伙企业法》第50条第1款所说的"全体合伙人"，应指当时现存的全体合伙人，即除已经死亡或被宣告死亡的合伙人以外的其他合伙人。

50. 普通合伙人死亡，其继承人有多人时，如何继承取得合伙人资格？

结合《民法典》的相关规定，在普通合伙企业死亡的自然人合伙人的合法继承人有数人的情况下，各个合法继承人原则上都可以取得该合伙企业的合伙人资格（除非相关合法继承人放弃继承）；并且各个合法继承人原则上是按照均等的份额继承该死亡的自然人合伙人的财产份额（除非相关合法继承人另行达成继承安排）。

不过，在死亡自然人合伙人的继承人有数人的情况下，每一个继承人是否都可以取得合伙人资格、相关继承人如何取得合伙人资格，应当由合伙协议或由全体合伙人在结合《合伙企业法》和《民法典》相关规定的基础上作出明确的约定为宜。

51. 如何理解死亡自然人合伙人夫妻共同财产的分割和遗产的继承的关系？

自然人合伙人死亡（包括依法被宣告死亡）的情形，可能同时会涉及该自然人合伙人的夫妻共同财产的分割问题和遗产的继承问题。

在涉及夫妻一方以夫妻共同财产对合伙企业进行出资，另一方不是该合伙企业的合伙人的情况下，以夫妻共同财产出资所形成的在合伙企业中的财产份额本身不属于夫妻共同财产；尽管如此，由于《民法典》第1153条规定了"夫妻共同所有的财产，除有约定的外，遗产分割时，应当先将共同所有的财产的一半分出为配偶所有，其余的为被继承人的遗产"，因此，在登记在死亡的自然人合伙人名下的在合伙企业中的出资额对应的财产份额所代表的财产价值属于夫妻共同财产的情形,在该自然人合伙人死亡时,该财产份额所代表的财产价值的一半应先分出来归其配偶所有,该财产份额所代表的财产价值的另一半才是该死亡自然人合伙人的遗产,由其合法继承人依照《民法典》和《合伙企业法》的规定继承。

在自然人死亡时,对其婚姻关系存续期间所得的共同所有的财产进行的分割,应当适用与离婚时对夫妻共同财产进行的分割类似的规则。基于此,由于针对离婚时分割夫妻共同财产中以一方名义在合伙企业中的出资额并且另一方不是该合伙企业合伙人的情形,当夫妻双方协商一致将其合伙企业中的财产份额全部或者部分转让给对方时,《最高人民法院关于适用〈中华人民共和国民法典〉婚姻家庭编的解释(一)》第74条规定按以下情形分别处理:"(一)其他合伙人一致同意的,该配偶依法取得合伙人地位;(二)其他合伙人不同意转让,在同等条件下行使优先购买权的,可以对转让所得的财产进行分割;(三)其他合伙人不同意转让,也不行使优先购买权,但同意该合伙人退伙或者削减部分财产份额的,可以对结算后的财产进行分割;(四)其他合伙人既不同意转让,也不行使优先购买权,又不同意该合伙人退伙或者削减部分财产份额的,视为全体合伙人同意转让,该配偶依法取得合伙人地位"。因此,从上述司法解释看,在普通合伙企业的自然人合伙人死亡时,按照《民法典》第1153条的规定,在适用于登记在作为夫妻一方的死亡的自然人合伙人名下的在合伙企业中的出资额对应的财产份额时,如果要将该财产份额的一半分出为其配偶所有,也应当取得该合伙企业的其他合伙人的一致同意,并由其他合伙人放弃优先购买权——甚至,在"其他合伙人既不同意转让,也不行使优先购买权,又不同意该合伙人退伙或者削减部分财产份额"时,最高人民法院也以司法解释的形式明确规定为"视为全体合伙人同意转让,该配偶依法取得合伙人地位"。

52. 普通合伙企业应当向死亡的自然人合伙人的继承人退还财产份额的情形有哪些?

一是死亡的自然人合伙人的继承人不愿意成为该合伙企业的合伙人。在死亡合伙人的合伙人继承人为数人并且有的继承人愿意成为该合伙企业的合伙人、有的继承人不愿意成为该合伙企业的合伙人的情况下,可以由愿意成为该合伙企业的合伙人的继承人成为该合伙企业的合伙人,对于不愿意成为该合伙企业的合伙人的继承人,则向其退还其有权继承的死亡合伙人在合伙企业中的财产份额中的相应的部分。

二是法律规定或者合伙协议约定成为该合伙企业的合伙人必须具有相关资格,而死亡的自然人合伙人的继承人未取得该资格。比如,会计师执业资格、律师执业资格等专业人士的资格。

三是死亡的自然人合伙人的继承人存在合伙协议约定不能成为合伙人的其他情形。

53. 死亡自然人合伙人的继承人不具有完全民事行为能力时如何处理?

在普通合伙企业的死亡的自然人合伙人的继承人是不具有完全民事行为能力的人的情况下,考虑到该继承人不具备《合伙企业法》第14条第(1)项规定的担任普通合伙人的条件,对此,参考《合伙企业法》第48条第2款的规定,本条第3款规定了:"合伙人的继承人为无民事行为能力人或者限制民事行为能力人的,经全体合伙人一致同意,可以依法成为有限合伙人,普通合伙企业依法转为有限合伙企业",从而避免该普通合伙企业因该自然人合伙人死亡而进入退伙结算程序。

死亡自然人合伙人的不具有完全民事行为能力的继承人能否成为有限合伙人,取决于是否取得该普通合伙企业的"全体合伙人一致同意"。

不过,在全体合伙人未能就死亡自然人合伙人的不具有完全民事行为能力的继承人成为有限合伙人达成一致同意的意见的情况下,《合伙企业法》第50条第3款规定了,普通合伙企业应当将被继承合伙人的财产份额退还其继承人。

第五十一条 【退伙结算】合伙人退伙,其他合伙人应当与该退伙人按照退伙时的合伙企业财产状况进行结算,退还退伙人的财产份额。退伙人对给合伙企业造成的损失负有赔偿责任的,相应扣减其应当赔偿的数额。

退伙时有未了结的合伙企业事务的,待该事务了结后进行结算。

注解

本条第1款对普通合伙人退伙的退伙结算和退伙人财产份额的退还作出

了原则性规定，并要求结算时扣除退伙人对合伙企业的赔偿数额；第2款则对合伙人退伙结算提出了特别要求。

只要发生合伙人退伙的情形，不论是因何种原因而退伙，都应当适用《合伙企业法》第51条的规定。本条既适用于《合伙企业法》第45条和第46条规定的主动退伙（或自愿退伙），又适用于《合伙企业法》第48条规定的当然退伙，还适用于《合伙企业法》第49条规定的因被除名而退伙。此外，还适用于人民法院强制执行时的退伙。

[退伙结算的要求]

《合伙企业法》第51条对退伙结算提出了四个方面的要求：

一是在退伙结算的主体方面，退伙结算应当由其他合伙人与该退伙人共同进行。

二是在退伙结算的依据方面，应当按照退伙时的合伙企业财产状况进行结算。

三是在退伙结算的扣除项目方面，在合伙企业遭受损失并且退伙人对给合伙企业造成的损失负有赔偿责任的情况下，应当从本应退还给退伙人的财产份额中相应扣减退伙人应当赔偿的数额。

四是在退伙结算的时机方面，其他合伙人应当在退伙人退伙时就与该退伙人进行结算；但是，在退伙人退伙时有尚未了结的合伙企业事务的情况下，应当待该事务了结之后再进行结算。

应 用

54. 普通合伙人退伙时，哪些情形属于"扣减其应当赔偿的数额"？

（1）根据本法第35条第2款的规定，合伙人被聘任为合伙企业的经营管理人员后，超越合伙企业授权范围履行职务，给合伙企业造成的损失。（2）根据本法第35条第2款的规定，合伙人被聘任为合伙企业的经营管理人员后，在履行职务过程中因故意或者重大过失给合伙企业造成的损失。（3）根据本法第47条的规定，合伙人违反第45条、第46条的规定退伙，给合伙企业造成的损失。（4）根据本法第58条的规定，特殊的普通合伙企业的合伙人在执业活动中因故意或者重大过失致使合伙企业承担债务，由此给合伙企业造成的损失。（5）根据本法第76条第2款的规定，有限合伙企业的有限合伙人未经授权以有限合伙企业名义与他人进行交易，给有限合企业造成的损失。（6）根据本法第95条第3款的规定，在合伙企业的登记事项发生变更时，执行合伙事务的合伙人未按期申请办理变更登记，由此给合伙企业造成的损失。（7）根据本法第96条的规定，合伙人执行合伙事务，将应当归合伙企业的利益据为己有，由此给合伙企业造成的损失。（8）根据本法第96条的规定，合伙人执行合伙事务，采取其他手段侵占合伙企业财产，由此给合伙企业造成的损失。（9）根据本法第96条的规定，作为合伙企业从业人员的合伙人利用职务上的便利，将应当归合伙企业的利益据为己有，或者采取其他手段侵占合伙企业财产，由此给合伙企业造成的损失。（10）根据本法第97条的规定，合伙人对《合伙企业法》规定或者合伙协议约定必须经全体合伙人一致同意始得执行的事务擅自处理，由此给合伙企业造成的损失。（11）根据本法第98条的规定，不具有事务执行权的合伙人擅自执行合伙事务，由此给合伙企业造成的损失。（12）根据本法第99条的规定，合伙人违反《合伙企业法》规定或者合伙协议的约定，从事与本合伙企业相竞争的业务或者与本合伙企业进行交易，由此给合伙企业造成的损失。

第五十二条　【退伙人财产份额的退还办法】 退伙人在合伙企业中财产份额的退还办法，由合伙协议约定或者由全体合伙人决定，可以退还货币，也可以退还实物。

第五十三条　【退伙人对退伙前企业债务的责任】 退伙人对基于其退伙前的原因发生的合伙企业债务，承担无限连带责任。

注 解

本条对退伙的普通合伙人在其退伙后对普通合伙企业债务的责任作出了规定，即"对基于其退伙前的原因发生的合伙企业债务，承担无限连带责任"。

根据《合伙企业法》第2条、第53条、第60条和第81条的规定，《合伙企业法》第53条的这一规定，包含了以下三层含义：一是以其退伙生效为分界线，普通合伙人退伙后仍然需要对"基于其退伙前的原因发生的合伙企业债务"承担清偿责任；二是这种清偿责任是无限的并应当与其他普通合伙人承担连带的清偿责任；三是以其退伙生效为分界线，普通合伙人退伙之后，对于在其退伙后不论因何种原因发生的合伙企业债务，因其已不是该合伙企业的合伙人,不再承担责任。

值得注意的是,本条所说的"退伙",在合伙人之间以及退伙人与合伙企业之间,不以办理变更登记为要件,只要该退伙人的退伙生效即可;但在对外关系上,原则上应以合伙企业完成合伙人退伙涉及的变更登记为生效要件。

应用

55. 本条所说的"其退伙前的原因",是指退伙合伙人退伙之前的原因,还是指退伙前该退伙人的原因?

本条所说的"其退伙前的原因",是指退伙合伙人退伙之前的原因、至于是什么原因以及谁的原因在所不问(即整个"其退伙前"作为"原因"的时间限定语),还是指在退伙人退伙之前的可归属于退伙合伙人的原因(即仅"退伙前"作为时间状语,"其"作为"原因"的定语)?理解上存在歧义,司法实践中,倾向于认为是退伙合伙人退伙之前发生的原因、至于是什么原因以及谁的原因在所不问。

配套

《合伙企业法》第 39 条

第五十四条 【退伙时分担亏损】合伙人退伙时,合伙企业财产少于合伙企业债务的,退伙人应当依照本法第三十三条第一款的规定分担亏损。

注解

本条对合伙人退伙时分担合伙企业的亏损的义务作出了规定。由于普通合伙企业的合伙人对合伙企业的债务应当承担无限的、连带的补充清偿责任,因此,在合伙人退伙时,如果普通合伙企业的财产少于其债务,这就意味着合伙企业存在亏损,需要由合伙人根据本法第 33 条第 1 款规定的亏损分担办法分担合伙企业的亏损。

值得注意的是,本法第 54 条的规定只适用于合伙人退伙的情形,只是要求退伙人在退伙时依照约定或法定的亏损分担比例分担普通合伙企业的亏损,并没有要求未退伙的其他合伙人在退伙人退伙的时候也要据此分担普通合伙企业的亏损。

第六节　特殊的普通合伙企业

第五十五条　【特殊普通合伙企业的设立】以专业知识和专门技能为客户提供有偿服务的专业服务机构，可以设立为特殊的普通合伙企业。

特殊的普通合伙企业是指合伙人依照本法第五十七条的规定承担责任的普通合伙企业。

特殊的普通合伙企业适用本节规定；本节未作规定的，适用本章第一节至第五节的规定。

注解

专业服务机构，主要包括会计师事务所、评估师事务所、律师事务所、建筑师事务所等。非专业服务机构不能采取特殊的普通合伙企业形式。

特殊的普通合伙企业相对于普通合伙企业，主要区别在于：承担责任的原则不同。普通合伙企业由普通合伙人组成，合伙人对合伙企业债务承担无限连带责任。特殊普通合伙企业中，对合伙人本人执业行为中因故意或者重大过失引起的合伙企业债务，其他合伙人以其在合伙企业中的财产份额为限承担责任；执业行为中有故意或重大过失的合伙人，应当承担无限连带责任。对合伙人本人执业行为中非因故意或者重大过失引起的合伙企业债务和合伙企业的其他债务，全体合伙人承担无限连带责任。也就是说，在这种合伙中各合伙人仍对合伙债务承担无限连带责任，但这种责任仅局限于合伙人本人业务范围及过错，即对企业形成的债务属于本人职责范围且由本人的过错所导致的方承担无限责任，对其他合伙人职责范围或过错所导致的债务不负连带责任。

第五十六条　【名称】特殊的普通合伙企业名称中应当标明"特殊普通合伙"字样。

第五十七条　【责任形式】一个合伙人或者数个合伙人在执业活动中因故意或者重大过失造成合伙企业债务的，应当承担无限责任或者无限连带责任，其他合伙人以其在合伙企业中的财产份额为限承担责任。

合伙人在执业活动中非因故意或者重大过失造成的合伙企业债务以及合伙企业的其他债务，由全体合伙人承担无限连带责任。

注解

[特殊的普通合伙企业的责任形式]

根据本条的规定，特殊普通合伙企业的责任形式分为以下几种：

（1）有限责任与无限连带责任相结合

对一个合伙人或者数个合伙人在执业活动中的故意或者重大过失行为与其他合伙人相区别对待：对于负有重大责任的合伙人应当承担无限责任或者无限连带责任，其他合伙人只能以其在合伙企业中的财产份额为限承担责任。

（2）无限连带责任

对合伙人本人执业行为中非因故意或者重大过失引起的合伙企业债务和合伙企业的其他债务，全体合伙人承担无限连带责任。合伙人对于在执业过程中不存在重大过错，既没有故意，也不存在重大过失，仅因一般过失而引起的合伙企业债务和合伙企业的其他债务，也在本原则规定的范围内予以承担。

配套

《合伙企业法》第39、74条

第五十八条 【合伙人过错的赔偿责任】合伙人执业活动中因故意或者重大过失造成的合伙企业债务，以合伙企业财产对外承担责任后，该合伙人应当按照合伙协议的约定对给合伙企业造成的损失承担赔偿责任。

第五十九条 【执业风险基金和职业保险】特殊的普通合伙企业应当建立执业风险基金、办理职业保险。

执业风险基金用于偿付合伙人执业活动造成的债务。执业风险基金应当单独立户管理。具体管理办法由国务院规定。

> 注解

本条第1款要求特殊的普通合伙企业建立执业风险基金、办理职业保险；第2款则对执业风险基金的用途和管理作出了原则性规定。在执业风险基金方面，本条对特殊的普通合伙企业提出了三项要求：

(1) 在执业风险基金的建立方面，根据本条第1款，特殊的普通合伙企业应当建立执业风险基金，这是《合伙企业法》规定的义务。(2) 在执业风险基金的用途方面，特殊的普通合伙企业建立的执业风险基金应当专款专用，其用途仅限于"用于偿付合伙人执业活动造成的债务"，不能用作其他用途。(3) 在执业风险基金的管理方面，特殊的普通合伙企业的执业风险基金应当单独立户管理。

第三章　有限合伙企业

第六十条　【有限合伙企业的法律适用】 有限合伙企业及其合伙人适用本章规定；本章未作规定的，适用本法第二章第一节至第五节关于普通合伙企业及其合伙人的规定。

> 注解

[有限合伙企业]

有限合伙企业，通常是指由有限合伙人和普通合伙人共同组成的，普通合伙人对合伙企业债务承担无限连带责任，有限合伙人以其认缴的出资额为限对合伙企业债务承担责任的合伙组织。

有限合伙企业法律制度对普通合伙企业法律制度的继受，主要体现在有限合伙企业对外关系的制度安排中，突出表现为：有限合伙企业与普通合伙企业在组织整体设计中具有"同一性"，即两者具有相同的法律地位，享受相同的税收待遇，承担相同的法律责任。

而有限合伙企业法律制度对普通合伙企业法律制度的创新则主要体现在组织的微观设计上，集中表现为有限合伙企业与普通合伙企业内部关系的"差异性"，即有限合伙企业的成员被划分为有限合伙人和普通合伙人两部分。这两部分合伙人在主体资格、权利享有、义务承受与责任承担等方面存在明显的差异。

与普通合伙和公司相比较，有限合伙企业制度的优势在于其兼采了普通合伙的人合因素和有限公司的资合因素，具有以下显著特征：

（1）在经营管理上，有限合伙企业中，有限合伙人一般不参与合伙的具体经营管理，而由普通合伙人从事具体的经营管理。

（2）在风险承担上，有限合伙企业中不同类型的合伙人所承担的责任则存在差异，其中有限合伙人以其认缴的出资额为限承担有限责任，普通合伙人则承担无限连带责任。

第六十一条 【合伙人人数以及要求】有限合伙企业由二个以上五十个以下合伙人设立；但是，法律另有规定的除外。

有限合伙企业至少应当有一个普通合伙人。

注解

根据本条规定，有限合伙企业的合伙人人数（包括普通合伙人和有限合伙人）至少要有2人、原则上不能超过50人；当然，如果其他法律规定某些有限合伙企业的合伙人可以超过50人，就优先适用其他法律的这一特别规定。

本条第1款规定有限合伙企业合伙人的人数至少为2人，是因为需要体现有限合伙企业的人合性；规定有限合伙企业合伙人的人数最多为50人，是为了防止有人利用有限合伙形式从事非法集资活动；规定"法律另有规定的除外"，是为了以后的实践留出必要的空间。（《全国人大法律委员会关于〈中华人民共和国合伙企业法（修订草案）〉审议结果的报告》）

有限合伙企业可以只有一个普通合伙人，也可以同时有2个普通合伙人或超过2个普通合伙人，甚至只有1个有限合伙人、而其他的合伙人都是普通合伙人；在有2个或多个普通合伙人的情形，可以按照本法第26条第2款的规定委托一个或数个普通合伙人执行有限合伙企业的合伙事务；否则，根据本法第60条和第26条第1款的规定，该有限合伙企业的每一个普通合伙人均有权执行有限合伙企业的合伙事务。

根据本法第75条、第85条第（4）项的规定，在有限合伙企业存续期间，发生不再有普通合伙人、只剩下有限合伙人（不论是一个还是数个有限合伙人）时，可能会导致该有限合伙企业解散并进入清算程序；发生不再有有限合伙人、只剩有数个普通合伙人时，可能会导致该有限合伙企业变更为普通合伙企业；发生不再有有限合伙人、只剩有一个普通合伙人时，也可能会导致该有限合伙企业解散并进入清算程序。

第六十二条　【名称】有限合伙企业名称中应当标明"有限合伙"字样。

第六十三条　【合伙协议内容】合伙协议除符合本法第十八条的规定外，还应当载明下列事项：

（一）普通合伙人和有限合伙人的姓名或者名称、住所；

（二）执行事务合伙人应具备的条件和选择程序；

（三）执行事务合伙人权限与违约处理办法；

（四）执行事务合伙人的除名条件和更换程序；

（五）有限合伙人入伙、退伙的条件、程序以及相关责任；

（六）有限合伙人和普通合伙人相互转变程序。

注解

本条共六项，对有限合伙企业的合伙协议的必备条款作出了规定。

本法关于有限合伙企业的合伙协议的主要条款内容的规定，集中见于《合伙企业法》第18条和第63条，其他需要在合伙协议中约定或可以在合伙协议中约定的事项，则散见于《合伙企业法》的其他条款，包括第65条、第67条、第69条至第73条、第82条、第85条。在起草或审阅有限合伙企业的合伙协议时，应当特别考虑合伙协议是否约定了《合伙企业法》这些条款所规定的事项。此外，根据《民法典》相关规定，合伙人也可以结合具体情况在合伙协议中约定《合伙企业法》这些条款所规定的事项以外的其他内容——当然，这些约定不能违反法律、行政法规的强制性规定。

配套

《合伙企业法》第61、75条

第六十四条　【出资方式】有限合伙人可以用货币、实物、知识产权、土地使用权或者其他财产权利作价出资。

有限合伙人不得以劳务出资。

> **注解**

本条第1款从正面规定了有限合伙人可以使用的出资方式；第2款则对有限合伙人以劳务出资作出了禁止性规定。

结合本法第16条第1款、第17条第2款和第64条的规定，可以发现，有限合伙人与普通合伙人的出资方式的唯一的不同之处在于：有限合伙人不得以劳务出资，而普通合伙人可以以劳务出资。

根据《合伙企业法》第60条的规定，有限合伙人用于出资的非货币财产或财产权利的评估作价办法，适用《合伙企业法》第16条第2款的规定，即既可以由全体合伙人协商确定，也可以由全体合伙人委托法定评估机构评估。

此外，结合《合伙企业法》第64条和《公司法》第27条的规定，有限合伙人的出资方式与有限公司股东的出资方式大体类似，都包括了货币、实物、知识产权、土地使用权以及其他非货币财产，也都不能用劳务出资，不同之处在于：公司的股东用于出资的非货币财产应为"可以用货币估价并可以依法转让的非货币财产"，有限合伙人用于出资的非货币财产不仅可以不受"可以用货币估价并可以依法转让"的限制，还可以用财产权利（比如特许经营权，房屋的使用权等）作价出资。

> **配套**

《合伙企业法》第16条；《公司法》第27、82条

第六十五条　【出资义务的履行】有限合伙人应当按照合伙协议的约定按期足额缴纳出资；未按期足额缴纳的，应当承担补缴义务，并对其他合伙人承担违约责任。

> **注解**

本条一方面对有限合伙人按照足额缴纳的出资义务作出了规定，另一方面也对有限合伙人未按期足额缴纳出资的责任作出了规定。

有限合伙人负有按照合伙协议的约定缴纳出资的义务,这一义务有两个基本要求:在时间方面,按期缴纳出资,即在合伙协议约定的每一个缴纳期限内缴纳合伙协议约定的其应当在该缴纳期限内缴纳的出资。在数额方面,足额缴纳出资,即缴纳合伙协议约定的其在相应的缴纳期限内应当缴纳的相应数额的出资。

根据《合伙企业法》第60条的规定,有限合伙企业的有限合伙人以非货币财产出资的,应适用《合伙企业法》第17条第2款的规定,即有限合伙人以非货币财产出资的,依照法律、行政法规的规定,需要办理财产权转移手续的,应当依法办理非货币财产的转移手续。

应用

56. 有限合伙人未按照合伙协议的约定按期足额缴纳出资的,有限合伙企业请求该有限合伙人补缴的,是否适用诉讼时效制度?

根据《民法典》第196条和《最高人民法院关于审理民事案件适用诉讼时效制度若干问题的规定》第1条第(3)项,针对基于投资关系产生的缴付出资请求权提出诉讼时效抗辩,人民法院将不予支持。因此,在有限合伙人未按照合伙协议的约定按期足额缴纳出资时,有限合伙企业请求该有限合伙人补缴出资的权利,不受诉讼时效的限制。

57. 有限合伙人未按期足额缴纳出资应当承担什么责任?

一是对有限合伙企业的责任,即向有限合伙企业补缴其应当缴纳但尚未缴纳的出资,有限合伙企业可以要求该有限合伙人同时支付相应的利息。

二是对其他合伙人的责任,即按照有限合伙企业的合伙协议的约定对其他合伙人承担违约责任,如合伙协议未约定具体的违约责任,其他合伙人可以要求该有限合伙人承担合伙企业因此受到的损失,比如合伙企业向他人借用相应金额的资金所产生的利息、资金使用费等费用。

此外,根据本法第49条第1款第(1)项,不论是普通合伙企业还是有限合伙企业,如果普通合伙人未履行出资义务,其他合伙人可以经一致决议将其除名;但是,根据本法第65条,如果有限合伙人未履行出资义务,其他合伙人不宜直接将其除名,而应允许其补缴并承担其他的违约责任,经催缴后仍未补缴的,方可决议将其除名。

第六十六条　【登记事项】有限合伙企业登记事项中应当载明有限合伙人的姓名或者名称及认缴的出资数额。

第六十七条　【合伙事务执行】有限合伙企业由普通合伙人执行合伙事务。执行事务合伙人可以要求在合伙协议中确定执行事务的报酬及报酬提取方式。

注解

本条对有限合伙企业的执行事务合伙人的人选及其报酬事宜作出了规定。

根据本条规定，有限合伙企业的执行事务合伙人只能由其普通合伙人担任，有限合伙人不能担任执行事务合伙人。

应用

58. 在有限合伙企业有数个普通合伙人时，如何确定执行事务合伙人？

在有限合伙企业有数个普通合伙人的情形下，根据本法第26条第2款和第60条的规定，有限合伙企业的合伙协议可以对委托一个或数个普通合伙人担任其执行事务合伙人作出自主的约定；在合伙协议未作约定的情况下，则可由包括有限合伙人在内的全体合伙人协商一致后委托一个或数个普通合伙人担任其执行事务合伙人。

不过，如果有限合伙企业的合伙协议未作约定、全体合伙人也未能就委托执行事务合伙人达成一致，根据本法第26条、第60条、第67条的规定，该有限合伙企业的各个普通合伙人都是其执行事务合伙人。因此，有限合伙企业的合伙协议应对执行事务合伙人的选择作出明确的约定为宜。

59. 在有限合伙企业只有一名普通合伙人时，能否协议约定其他有限合伙人为执行事务合伙人？

在有限合伙企业只有一名普通合伙人的情形，基于本法第67条关于"有限合伙企业由普通合伙人执行合伙事务"的规定，该普通合伙人当然成为其执行事务合伙人，这是基于《合伙企业法》的规定担任执行事务合伙人的，而非基于合伙协议的约定或全体合伙人的委托而担任执行事务合伙人的。因此，该唯一一名普通合伙人成为执行事务合伙人是法定的，不可以通过协议约定其他有限合伙人为执行事务合伙人。

60. 有限合伙企业的普通合伙人作为执行事务合伙人能否要求在合伙协议中确定执行事务的报酬？

本法第 67 条对有限合伙企业的执行事务合伙人的报酬事项作出了原则性的规定，即"执行事务合伙人可以要求在合伙协议中确定执行事务的报酬及报酬提取方式"。

有限合伙企业的合伙协议是否对执行事务合伙人执行事务的报酬及报酬提取方式作出约定，《合伙企业法》不作强制性要求，合伙协议可以作约定，也可以不作约定。

第六十八条　【合伙事务执行禁止】有限合伙人不执行合伙事务，不得对外代表有限合伙企业。

有限合伙人的下列行为，不视为执行合伙事务：

（一）参与决定普通合伙人入伙、退伙；

（二）对企业的经营管理提出建议；

（三）参与选择承办有限合伙企业审计业务的会计师事务所；

（四）获取经审计的有限合伙企业财务会计报告；

（五）对涉及自身利益的情况，查阅有限合伙企业财务会计账簿等财务资料；

（六）在有限合伙企业中的利益受到侵害时，向有责任的合伙人主张权利或者提起诉讼；

（七）执行事务合伙人怠于行使权利时，督促其行使权利或者为了本企业的利益以自己的名义提起诉讼；

（八）依法为本企业提供担保。

注 解

本条第 1 款对有限合伙人执行合伙事务、对外代表有限合伙企业的行为作出了禁止性规定；第 2 款则明确了有限合伙企业的哪些行为不视为执行合伙事务。

值得注意的是，尽管本法第 68 条第 1 款规定了"有限合伙人不执行合伙事务，不得对外代表有限合伙企业"，但是，根据本法第 76 条第 1 款关于

"第三人有理由相信有限合伙人为普通合伙人并与其交易的，该有限合伙人对该笔交易承担与普通合伙人同样的责任"的规定，如果第三人有理由认为有限合伙人为有限合伙企业的普通合伙人，并认为该有限合伙人是代表有限合伙企业与该第三人进行交易的，那么，与该交易有关的权利和义务应由有限合伙企业而不是该有限合伙人享有和承担。

本法第68条第2款从反向的角度，列出了8种"不视为执行合伙事务"的行为。这8种行为，主要属于有限合伙人行使其作为合伙人的权利的行为，不属于执行合伙事务。换言之，这8种行为，有限合伙人可以参与。

应用

61. 在有限合伙企业中，执行事务合伙人怠于行使诉讼权利，不执行合伙事务的有限合伙人能否以自己的名义起诉？

有限合伙企业中，如果执行事务合伙人怠于行使诉讼权利时，不执行合伙事务的有限合伙人可以为了合伙企业的利益以自己的名义提起诉讼。[世某荣和投资管理股份有限公司与长某国际信托股份有限公司等信托合同纠纷案（《最高人民法院公报》2016年第12期）]

《合伙企业法》第68条第2款第（7）项规定，执行事务合伙人怠于行使权利时，有限合伙人督促其行使权利或者为了本企业的利益以自己的名义提起诉讼，不视为执行合伙事务。该条款赋予了合伙企业的有限合伙人以自己的名义代表合伙企业提起诉讼的权利，且并未限定其在个人出资额范围内提出诉讼请求，只要满足以合伙企业的利益为目的这一要求即可。[安徽某房地产开发有限公司与焦某等借款合同纠纷上诉案（最高人民法院民事判决书〔2016〕最高法民终756号）]

第六十九条　【利润分配】有限合伙企业不得将全部利润分配给部分合伙人；但是，合伙协议另有约定的除外。

注解

本条从两个方面对有限合伙企业的利润分配作出了规定：一方面，原则上禁止有限合伙企业将全部利润分配给部分合伙人；另一方面，也允许有限合伙企业的合伙协议作出与此不同的约定；不过，与《合伙企业法》第33条既规定了普通合伙企业的利润分配办法，又规定了普通合伙企业的亏损分担办法不同，《合伙企业法》没有对有限合伙企业的亏损分担办法作出直接的规定。

与普通合伙企业的合伙协议绝对不得约定将普通合伙企业的全部利润分配给部分合伙人不同，有限合伙企业原则上不得将有限合伙企业的全部利润分配给部分合伙人，但是有限合伙企业的合伙协议可以约定将有限合伙企业的全部利润分配给某一个或某几个合伙人，从而使有限合伙企业的部分合伙人有可能在一定的时期甚至在有限合伙企业的整个存续期间都获得有限合伙企业的全部利润。

配套

《合伙企业法》第33条

第七十条　【有限合伙人与本有限合伙企业交易】 有限合伙人可以同本有限合伙企业进行交易；但是，合伙协议另有约定的除外。

注解

普通合伙人不得与本合伙企业进行自我交易；而有限合伙人可以与本有限合伙企业进行交易，除非合伙协议中约定不允许。

第七十一条　【有限合伙人经营与本有限合伙企业相竞争业务】 有限合伙人可以自营或者同他人合作经营与本有限合伙企业相竞争的业务；但是，合伙协议另有约定的除外。

注解

普通合伙企业有禁止同业竞争的规定；而有限合伙人一般不承担竞业禁止的义务，除非合伙协议中对有限合伙人的竞业禁止义务作出规定。

第七十二条　【有限合伙人财产份额的出质】 有限合伙人可以将其在有限合伙企业中的财产份额出质；但是，合伙协议另有约定的除外。

注解

普通合伙企业不允许合伙人以其财产份额出质；而有限合伙人可以将其在有限合伙企业中的财产份额出质，除非合伙协议另有约定。

第七十三条 【有限合伙人财产份额对外转让】有限合伙人可以按照合伙协议的约定向合伙人以外的人转让其在有限合伙企业中的财产份额，但应当提前三十日通知其他合伙人。

注解

本条对有限合伙人转让其在有限合伙企业中的财产份额的权利作出了原则性规定。

一是有限合伙人将其在合伙企业中的财产份额转让给合伙人以外的人。合伙协议或执行事务合伙人或其他合伙人不得禁止有限合伙人将其在合伙企业中的财产份额转让给合伙人以外的人。

二是有限合伙人将其在合伙企业中的财产份额转让给合伙人以外的人，需要"按照合伙协议的约定"对外转让，亦即，本法第73条允许有限合伙企业的合伙协议对有限合伙人将其在合伙企业中的财产份额转让给合伙人以外的人作出特别的约定，包括附加一定的条件或要求相关转让符合一定的要求。比如，需要事先取得执行事务合伙人的同意或其他合伙人一致同意，比如不得转让给特定的对象，等等。

三是有限合伙人有权将其在合伙企业中的财产份额转让给合伙人以外的人时，应当提前30日通知其他各个合伙人。这意味着，有限合伙人根据本法第73条发出的向合伙人以外的人转让其在合伙企业中的财产份额的通知的生效时间，最早应在通知发出后的第30日。

应用

62. 有限合伙人向合伙人以外的人转让财产份额时，其他合伙人是否享有优先购买权？

本法第73条未提及在有限合伙人向合伙人以外的人转让财产份额时，其他合伙人是否享有优先购买权的问题。结合本法第60条关于"有限合伙企业及其合伙人适用本章规定；本章未作规定的，适用本法第二章第一节至

第五节关于普通合伙企业及其合伙人的规定"的规定，在有限合伙人向合伙人以外的人转让财产份额时，应直接适用本法第23条的规定，即有限合伙人向合伙人以外的人转让其在该有限合伙企业中的财产份额的，在同等条件下，其他合伙人有优先购买权；但是，合伙协议另有约定的除外。

第七十四条 【有限合伙人以合伙企业中的财产份额偿还债务】有限合伙人的自有财产不足清偿其与合伙企业无关的债务的，该合伙人可以以其从有限合伙企业中分取的收益用于清偿；债权人也可以依法请求人民法院强制执行该合伙人在有限合伙企业中的财产份额用于清偿。

人民法院强制执行有限合伙人的财产份额时，应当通知全体合伙人。在同等条件下，其他合伙人有优先购买权。

注解

本条第1款规定了有限合伙人可以以其从合伙企业分取的收益清偿其债务，有限合伙人的债权人也享有申请强制执行该合伙人在合伙企业中的财产份额的权利；第2款则规定了有限合伙人在合伙企业中的财产份额的强制执行制度。

[有限合伙人以其从合伙企业分取的收益清偿其债务的权利]

"有限合伙人的自有财产"，应指有限合伙人在有限合伙企业中的财产份额以及有限合伙人可以从有限合伙企业分得但有限合伙企业尚未向其支付的收益以外的其他自有财产。"有限合伙人的自有财产不足清偿其与合伙企业无关的债务的，该合伙人可以以其从有限合伙企业中分取的收益用于清偿"，背后隐藏的含义是"有限合伙人的自有财产不足清偿其与合伙企业无关的债务的，该合伙人不得直接以其在有限合伙企业中的财产份额用于清偿"。

[有限合伙人的债权人申请强制执行该合伙人在合伙企业中的财产份额的权利]

有限合伙人向有限合伙企业缴付的出资已经属于有限合伙企业的财产、有限合伙企业的财产与有限合伙人的财产相互独立、有限合伙人的债务也与有限合伙企业的债务相互独立，有限合伙人的与有限合伙企业无关的债务的债权人不能要求该合伙人以其已经向有限合伙企业缴付的出资进行清偿，也不能要求有限合伙企业来清偿合伙人的债务；在有限合伙人自有的其他财产不足以清偿其与有限合伙企业无关的债务的情况下，该有限合伙人的债权人只能依法请求法院强制执行该有限合伙人在合伙企业的财产份额并将拍卖、变卖或转让相关财产份额的所得用来清偿。

[有限合伙人在合伙企业中的财产份额的强制执行]

本法第74条第2款规定了这么几层含义：一是人民法院依有限合伙人的债权人的申请，强制执行有限合伙人在有限合伙企业中的财产份额时，负有通知全体合伙人的义务；二是人民法院依有限合伙人的债权人的申请，强制执行有限合伙人在合伙企业中的财产份额时，该有限合伙企业的其他合伙人（包括普通合伙人和有限合伙人）享有优先购买权；三是人民法院依有限合伙人的债权人的申请，强制执行该有限合伙人在合伙企业中的财产份额时，其他合伙人（包括普通合伙人和有限合伙人）可以不行使优先购买权，但不享有通过既不行使优先购买权，又不同意由合伙人以外的人来受让被强制执行的有限合伙人在合伙企业中的财产份额的方式，来阻断强制执行转让该有限合伙人在合伙企业中的财产份额的程序的权利。

应 用

63. 在人民法院强制执行有限合伙人的财产份额时，其他合伙人除了行使优先购买权以外，能否通过其他方式阻止有限合伙人的财产份额被强制执行？

其他合伙人不享有阻断强制执行转让有限合伙人在合伙企业中的财产份额的权利。

由于本法第74条第2款只是使用了"在同等条件下，其他合伙人有优先购买权"的表述，没有像《合伙企业法》第42条第2款那样使用"人民法院强制执行合伙人的财产份额时，……其他合伙人未购买，又不同意将该财产份额转让给他人的，依照本法第五十一条的规定为该合伙人办理退伙结算，或者办理削减该合伙人相应财产份额的结算"的表述，因此，在人民法院强制执行有限合伙人的财产份额时，有限合伙企业的其他合伙人（包括普通合伙人）不享有通过既不行使优先购买权，又不同意由合伙人以外的人来受让被强制执行的普通合伙人在合伙企业中的财产份额的方式，来阻断强制执行转让普通合伙人在合伙企业中的财产份额的程序的权利；如果不行使或未能行使同等条件下的优先购买权，人民法院可以依照法律规定的强制执行程序将该有限合伙人在合伙企业中的财产份额转让给其他人，其他合伙人无法阻止合伙人以外的人通过受让该被强制执行转让的财产份额成为有限合伙企业的有限合伙人。

64. 有限合伙企业的普通合伙人在合伙企业中的财产份额被强制执行，其他普通合伙人是否享有阻断强制执行转让程序的权利？

对于有数个普通合伙人的有限合伙企业，如果其中一个普通合伙人发生其自有财产不足清偿其与有限合伙企业无关的债务而被其债权人请求人民法院强制执行该普通合伙人在有限合伙企业中的财产份额用于清偿的情况，该有限合伙企业的其他普通合伙人是否享有《合伙企业法》第42条第2款规定的阻断强制执行转让程序的权利？

由于本法第三章未对此作出规定，结合本法第60条关于"有限合伙企业及其合伙人适用本章规定；本章未作规定的，适用本法第二章第一节至第五节关于普通合伙企业及其合伙人的规定"的规定，一般认为在这种情况下，应直接适用本法第42条第2款的规定，亦即有限合伙企业的其他普通合伙人享有优先购买权；其他普通合伙人未购买，又不同意将该普通合伙人在有限合伙企业中的财产份额转让给他人的，应当依照本法第51条的规定为该普通合伙人办理退伙结算，或者办理削减该普通合伙人相应财产份额的结算。

当然，有限合伙企业的其他普通合伙人虽然可以阻断强制执行转让该普通合伙人在该有限合伙企业中的财产份额的程序，即既不行使优先购买权，又不同意将该财产份额转让给他人，但是，其他普通合伙人不能阻断或拒绝为该普通合伙人办理退伙结算或办理削减相应的财产份额的结算。在此情况下，其他普通合伙人应当按照人民法院的强制执行的要求，为该普通合伙人办理相应的结算手续。

65. 有限合伙企业的普通合伙人在合伙企业中的财产份额被强制执行，其他有限合伙人是否享有阻断强制执行转让程序的权利？

对于只有一个普通合伙人的有限合伙企业，如果该唯一的普通合伙人发生其自有财产不足清偿其与有限合伙企业无关的债务而被其债权人请求人民法院强制执行该普通合伙人在有限合伙企业中的财产份额用于清偿的情况，该有限合伙企业的其他合伙人（均为有限合伙人）是否享有本法第42条第2款规定的阻断强制执行转让程序的权利？

同样地，由于本法第三章未对此作出规定，按照上述分析，在这种情况下，也应直接适用本法第42条第2款的规定，亦即有限合伙企业的其他合伙人（均为有限合伙人）享有优先购买权；其他合伙人未购买，又不同意将该普通合伙人在有限合伙企业中的财产份额转让给他人的，应当依照本法第51条的规定为该普通合伙人办理退伙结算，或者办理削减该普通合伙人相应财产份额的结算。

但是，依照本法第51条的规定为该普通合伙人办理退伙结算将导致该普通合伙人退伙并导致该有限合伙企业不再存在普通合伙人，从而可能触发本法第75条关于"有限合伙企业仅剩有限合伙人的，应当解散"和本法第85条第（4）项关于"合伙企业有下列情形之一的，应当解散：（四）合伙人已不具备法定人数满三十天"的规定的适用。

第七十五条　【合伙人结构变化时的处理】有限合伙企业仅剩有限合伙人的，应当解散；有限合伙企业仅剩普通合伙人的，转为普通合伙企业。

注解

本条对有限合伙企业仅剩普通合伙人或仅剩有限合伙人时的处理办法作出了规定。

在有限合伙企业仅剩有限合伙人（包括只有一个有限合伙人和有数个有限合伙人的情形）时，应当解散并进入清算程序。不过，值得注意的是，根据本法第85条（4）项关于"合伙企业有下列情形之一的，应当解散：（四）合伙人已不具备法定人数满三十天"的规定，只有在有限合伙企业仅剩有限合伙人的时间达到"满三十天"的条件时，才属于有限合伙企业的解散事由；因此，在因自然人普通合伙人死亡或被宣告死亡或组织类普通合伙人终止而导致有限合伙企业不再有普通合伙人但有数个有限合伙人的情形，可以在《合伙企业法》第85条第（4）项规定的30日期限届满之前，通过经届时现存的全体合伙人（现存的均为有限合伙人）一致同意的方式、将其中一个或数个（但不是全部）具备担任普通合伙人条件的有限合伙人转变为普通合伙人，使有限合伙企业得以存续。

此外，在全体有限合伙人依法将唯一的普通合伙人除名或唯一的普通合伙人依照《合伙企业法》第42条第2款的规定被强制退伙等情形下，如果同时吸收新的普通合伙人入伙，将不会出现"有限合伙企业仅剩有限合伙人的情形"，从而不适用《合伙企业法》第75条关于"有限合伙企业仅剩有限合伙人的，应当解散"的规定。

在有限合伙企业仅剩普通合伙人时，本法第75条规定的处理办法是："转为普通合伙企业"。同样地，在有限合伙企业不再有有限合伙人但有数个普通合伙人的情形，可以在本法第85条第（4）项规定的30日的期限届满之前，通过经届时现存的全体合伙人（现存的只有普通合伙人）一致同意的方式、将其中一个或数个（但不是全部）普通合伙人转变为有限合伙人，使有限合伙企业得以存续。

按照本法第61条、第75条、第82条、第85条第（4）项的规定，在只有一个普通合伙人、一个有限合伙人的情形下，无论是普通合伙人死亡或终止，还是有限合伙人死亡或终止，均将不可避免地导致有限合伙企业进入解散程序（除非吸收新的合伙人入伙，以满足有限合伙企业的存续条件）。

应用

66. 合伙企业能否变更为或改制为公司制企业？

实践中，通常情况下，企业登记机关要求合伙企业不能直接转变为有限公司，而应先注销合伙企业、再设立有限公司，新设的有限公司与此前的合伙企业属于不同的主体。

第七十六条　【表见代理及无权代理】 第三人有理由相信有限合伙人为普通合伙人并与其交易的，该有限合伙人对该笔交易承担与普通合伙人同样的责任。

有限合伙人未经授权以有限合伙企业名义与他人进行交易，给有限合伙企业或者其他合伙人造成损失的，该有限合伙人应当承担赔偿责任。

注解

[有限合伙人的表见代理]

（1）定义。有限合伙人的表见代理，是指有限合伙人无权代表有限合伙企业对外进行交易,但有限合伙人的表象使交易相对人相信其为普通合伙人,可以代表有限合伙企业对外负责事务执行,这是由有限合伙人对无过失的相对人承担责任的一种特殊安排。

(2) 责任承担。由有限合伙人承担。这也是有限合伙人的表见代理与一般的表见代理的区别,一般的表见代理的责任人为被代理人。

[有限合伙人的无权代理]

有限合伙人的无权代理,是指有限合伙人没有获得有限合伙企业事务执行人的任何授权,却以有限合伙企业或者普通合伙人的名义与他人进行交易,由此造成的损失由有限合伙人自行赔偿。有限合伙人的无权代理与有限合伙人的越权代理不同。在无权代理中,代理人没有获得委托人的代理授权;而在越权代理中,代理人获得了委托人的代理授权。

第七十七条 【新入伙有限合伙人的责任】 新入伙的有限合伙人对入伙前有限合伙企业的债务,以其认缴的出资额为限承担责任。

注解

"新入伙",应指通过认缴有限合伙企业新增出资的方式成为该有限合伙企业的有限合伙人。一般认为,有限合伙企业的合伙人以外的人通过依法受让有限合伙人在有限合伙企业中的财产份额成为该有限合伙企业的有限合伙人,不属于本条所说的"入伙",不适用《合伙企业法》关于入伙的规定。此外,有限合伙企业的普通合伙人根据本法第82条的规定转为有限合伙人,也不属于"入伙",同样不适用本法关于入伙的规定。因为,根据本法第84条的规定,有限合伙企业的普通合伙人转变为有限合伙人后,对其作为普通合伙人期间有限合伙企业发生的债务承担的是无限连带责任,而不是有限责任,这与《合伙企业法》第77条所说的"新入伙的有限合伙人对入伙前有限合伙企业的债务,以其认缴的出资额为限承担责任",存在明显的不同。

第七十八条 【有限合伙人当然退伙】 有限合伙人有本法第四十八条第一款第一项、第三项至第五项所列情形之一的,当然退伙。

> **注解**

有限合伙人出现下列情形时当然退伙：一是作为合伙人的自然人死亡或者被宣告死亡；二是作为合伙人的法人或者其他组织被依法吊销营业执照、责令关闭、撤销或者被宣告破产；三是法律规定或者合伙协议约定合伙人必须具有相关资格而丧失该资格；四是合伙人在合伙企业中的全部财产份额被人民法院强制执行。

> **应用**

67. 有限合伙人个人丧失偿债能力，是否属于当然退伙的事由？

个人丧失偿债能力不属于《合伙企业法》规定的有限合伙人当然退伙的事由，因为有限合伙人对有限合伙企业的债务承担的是有限责任而非无限责任，在自然人有限合伙人已经向有限合伙企业按期足额缴付了其认缴的出资后丧失偿债能力的情形，有限合伙人丧失偿债能力不应影响其继续作为有限合伙人。不过，有限合伙企业的合伙协议可以约定个人丧失偿债能力也是有限合伙人当然退伙的事由。

> **配套**

《合伙企业法》第48条

第七十九条　【有限合伙人丧失民事行为能力时不得被退伙】 作为有限合伙人的自然人在有限合伙企业存续期间丧失民事行为能力的，其他合伙人不得因此要求其退伙。

> **注解**

有限合伙人的民事行为能力是指有限合伙人通过自己的行为取得民事权利、履行民事义务的能力或资格。有限合伙人对有限合伙企业只进行投资，而不负责事务执行。因此，作为有限合伙人的自然人在有限合伙企业存续期间丧失民事行为能力，并不影响有限合伙企业的正常生产经营活动，其他合伙人不能要求该丧失民事行为能力的合伙人退伙。也就是说，限制行为能力人、无行为能力人可以作为有限合伙人。

第八十条　【有限合伙人死亡或者终止时的资格继受】作为有限合伙人的自然人死亡、被依法宣告死亡或者作为有限合伙人的法人及其他组织终止时,其继承人或者权利承受人可以依法取得该有限合伙人在有限合伙企业中的资格。

注解

自然人有限合伙人死亡时,《合伙企业法》允许其合法继承人要求继承其在该有限合伙企业中的合伙人资格。不过,是否继承、能否继承有限合伙人资格,需要"依法"进行。此处所说的"依法",应指依照《民法典》关于继承的规定;此外,根据本法第60条关于"有限合伙企业及其合伙人适用本章规定;本章未作规定的,适用本法第二章第一节至第五节关于普通合伙企业及其合伙人的规定"的规定,自然人有限合伙人死亡后的合伙人资格的继承问题,还应当符合《合伙企业法》第50条的规定。比如,在死亡的自然人有限合伙人的继承人不愿意继承有限合伙人资格时,自然不存在继承有限合伙人资格的问题;另外,在法律或有限合伙企业的合伙协议对成为有限合伙人的资格和条件有规定或有约定,或者合伙协议对不能成为有限合伙人的其他情形有约定的情况下,能否继承或承继有限合伙人资格,还取决于法律的相关规定和合伙协议的具体约定。

应用

68. 法人或非法人组织有限合伙人终止后其权利承受人能否取得其合伙人资格?

法人或非法人组织有限合伙人终止时,《合伙企业法》允许其权利承受人要求承继其在该有限合伙企业中的合伙人资格。考虑到作为有限合伙人的法人或非法人组织在有限合伙企业中的财产份额属于其财产,在其终止时应当根据《民法典》《公司法》《合伙企业法》《企业破产法》或其他相关法律法规的规定进行清算或破产清算,并对其财产进行变卖、拍卖;由于拍卖、变卖作为有限合伙人的法人或非法人组织在有限合伙企业中的财产份额属于转让其合伙企业中的财产份额的行为,因此,在合伙协议未作约定的情况下,应当结合本法第73条和第74条关于有限合伙人转让财产份额的规定。这也意味着,在有限合伙企业的合伙协议未作明确约定的情况下,作为有限合伙人的法人或非法人组织终止后，其权利承受人将不能直接承继其在该有限合伙企业中的合伙人资格。

第八十一条　【有限合伙人退伙后的责任承担】有限合伙人退伙后，对基于其退伙前的原因发生的有限合伙企业债务，以其退伙时从有限合伙企业中取回的财产承担责任。

注解

根据本法第2条、第53条、第60条和第81条的规定，第81条的这一规定，包含了以下三层含义：一是以其退伙生效为分界线，有限合伙人退伙后仍然需要对"基于其退伙前的原因发生的有限合伙企业债务"承担清偿责任；二是这种清偿责任是有限的责任，有其责任限额，即不超过其退伙时从有限合伙企业取回的财产的价值，有限合伙企业的相关债务超过其退伙时取回的财产的价值的部分（包括其退伙时实际未从有限合伙企业取回财产的情形），退伙的有限合伙人无须承担责任；三是以其退伙生效为分界线，有限合伙人退伙之后，对于在其退伙后不论因何种原因发生的有限合伙企业债务，因其已不是该有限合伙企业的合伙人，不再承担责任。

与《合伙企业法》第53条类似，本条所说的"退伙"，不以办理变更登记为要件，只要与相关有限合伙人退伙有关的决议或协议生效即可。根据《合伙企业法》第95条第3款，在发生合伙人退伙的情况下，执行事务合伙人如果未按期申请办理变更登记的，应当赔偿由此给合伙企业、其他合伙人或者善意第三人造成的损失。

由于有限合伙人退伙时从有限合伙企业中取回的财产可能会随着时间的流逝而发生物理形态的变化，甚至是毁损、灭失，该等财产的价值也可能发生增加或减少的变动，因此，本条所说的"退伙时从有限合伙企业中取回的财产"，应指该有限合伙人在其退伙时从有限合伙企业取回的财产在取回当时的财产价值，这一价值应为根据本法第51条进行的退伙结算所确定的价值。这在相关有限合伙人实际承担责任、确定其责任范围时，尤其如此。

第八十二条　【合伙人类型转变】除合伙协议另有约定外，普通合伙人转变为有限合伙人，或者有限合伙人转变为普通合伙人，应当经全体合伙人一致同意。

> 注解

由于有限合伙企业的有限合伙人与普通合伙人承担的责任不同、所享有的权利也不同,有限合伙人或普通合伙人身份的转变将对其他合伙人承担的责任和享有的权利产生重大影响,尤其是在普通合伙人转变为有限合伙人的情形,其他普通合伙人对有限合伙企业未能清偿的债务承担的责任实际上是加重了的,所以,有限合伙人或普通合伙人身份的转变原则上需要全体合伙人一致同意,其中也包括拟转变身份的合伙人本人的同意。不过,也允许有限合伙企业的合伙协议对此作出不同的约定,比如约定有限合伙人转变为普通合伙人或者普通合伙人转变为有限合伙人无须全体合伙人一致同意、只需部分合伙人同意或执行事务合伙人同意即可。

第八十三条 【有限合伙人转变为普通合伙人的债务承担】有限合伙人转变为普通合伙人的,对其作为有限合伙人期间有限合伙企业发生的债务承担无限连带责任。

> 注解

本条所说的"转变为普通合伙人",不以完成变更登记为要件,应以关于有限合伙人转为普通合伙人的决议或协议生效之日为准。本条所说的"作为有限合伙人期间",始于该合伙人成为有限合伙企业的有限合伙人之日,止于关于该合伙人转为普通合伙人的决议或协议生效之日,均不以工商登记或变更登记为要件。

有限合伙企业的有限合伙人转变为普通合伙人,其承担的责任加重了:一是对于有限合伙企业在其转变为普通合伙人之后发生的债务,其承担的责任由原来的有限责任变成了无限责任,并且还需要与其他普通合伙人(如有数个普通合伙人)对该等债务承担连带清偿责任。二是对于有限合伙企业在其转变为普通合伙人之前发生的但未清偿债务,其承担的责任也由有限责任变成了无限责任,并且需要与其他普通合伙人(如有数个普通合伙人)对该等债务承担连带清偿责任。

因此,有限合伙企业的有限合伙人选择转变为普通合伙人时,应当慎之又慎。

> 配套

《合伙企业法》第39、91条

第八十四条　【普通合伙人转变为有限合伙人的债务承担】 普通合伙人转变为有限合伙人的，对其作为普通合伙人期间合伙企业发生的债务承担无限连带责任。

> 注解

有限合伙企业的普通合伙人转变为有限合伙人，其承担的责任减轻了：尽管仍然需要对有限合伙企业在其转变为有限合伙人之前发生的债务承担无限责任并与其他普通合伙人对该等债务承担连带清偿责任，但是，对有限合伙企业在其转变为有限合伙人之后发生的债务，则只需承担有限责任（以其认缴的出资额为限）。

> 配套

《合伙企业法》第39、91条

第四章　合伙企业解散、清算

第八十五条　【解散的情形】 合伙企业有下列情形之一的，应当解散：

（一）合伙期限届满，合伙人决定不再经营；
（二）合伙协议约定的解散事由出现；
（三）全体合伙人决定解散；
（四）合伙人已不具备法定人数满三十天；
（五）合伙协议约定的合伙目的已经实现或者无法实现；
（六）依法被吊销营业执照、责令关闭或者被撤销；
（七）法律、行政法规规定的其他原因。

> **注 解**

[合伙企业的解散]

(1) 定义。合伙企业的解散是指合伙企业因某些法律事实的发生而使其民事主体资格归于消灭的法律行为。

(2) 解散事由。合伙企业解散的事由,又称为合伙企业解散的原因,它是指导致合伙企业解散的法律事实。根据合伙企业解散是否出于自愿,合伙企业解散的事由分为两类:一类是任意解散事由;另一类是强制解散事由。前者是基于合伙企业合伙人的自愿而解散;后者是合伙企业基于法律或者行政法规的规定而被迫解散。

> **应 用**

69. 全体合伙人决定解散合伙企业是否需要具体原因?

只要全体合伙人一致同意,即使没有具体的原因也可以作出解散合伙企业的决定;只要全体合伙人依法作出了解散合伙企业的决定,就应当根据本法第86条的规定开始清算。

70. 如何认定"合伙目的已经实现"或者"合伙目的已经无法实现"?

对此,《合伙企业法》本身未作规定;实务中,不同的法院有不同的处理意见。有的法院认为,合伙企业的人合性较强,在合伙人丧失相互信任的情况下,可以认定合伙企业的合伙目的已经无法实现。有的法院认为,合伙企业处于严重亏损状态,也属于合伙目的无法实现。不过,也有的法院认为,不能仅仅以合伙人之间丧失相互信任为依据来认定合伙企业的合伙目的无法实现,而应当结合合伙协议的约定,是否有利于合伙企业及其合伙人的权益保护,是否有利于已接受投资主体的利益保护,是否有利于市场经济秩序的稳定健康发展等综合考虑。

第八十六条 【清算】合伙企业解散,应当由清算人进行清算。

清算人由全体合伙人担任;经全体合伙人过半数同意,可以自合伙企业解散事由出现后十五日内指定一个或者数个合伙人,或者委托第三人,担任清算人。

自合伙企业解散事由出现之日起十五日内未确定清算人的,合伙人或者其他利害关系人可以申请人民法院指定清算人。

注解

[合伙企业的清算]

合伙企业清算,是指合伙企业解散宣告后,依照法定程序清偿合伙企业债权债务,处理合伙企业剩余财产,待了结合伙企业各种法律关系后,向企业登记机关申请注销登记,使合伙企业资格归于消灭的程序。

[清算内容]

合伙企业的清算主要包括以下内容:

(1) 确定清算人。具体分为三种情形:一是由全体合伙人担任清算人。二是由合伙人指定或者委托清算人。三是由人民法院指定清算人。

(2) 清算人依法执行相关事务。

(3) 通知债权人。

(4) 依法定顺序清偿债务。

(5) 清算结束申请注销登记。

(6) 注销登记后合伙人依法承担责任。

配套

《公司法》第 184 条

第八十七条 【清算人在清算期间所执行的事务】 清算人在清算期间执行下列事务:

(一) 清理合伙企业财产,分别编制资产负债表和财产清单;

(二) 处理与清算有关的合伙企业未了结事务;

(三) 清缴所欠税款;

(四) 清理债权、债务;

(五) 处理合伙企业清偿债务后的剩余财产;

(六) 代表合伙企业参加诉讼或者仲裁活动。

第八十八条 【债权申报】 清算人自被确定之日起十日内将合伙企业解散事项通知债权人,并于六十日内在报纸上公告。债权人应当自接到通知书之日起三十日内,未接到通知书的自公告之日起四十五日内,向清算人申报债权。

债权人申报债权，应当说明债权的有关事项，并提供证明材料。清算人应当对债权进行登记。

清算期间，合伙企业存续，但不得开展与清算无关的经营活动。

注解

[清算人通知、公告债权人的义务]

(1) 在通知方式方面，在合伙企业清算时，清算人不仅需要对合伙企业的债权人逐一进行通知，还应当在报纸上进行公告；通知与公告缺一不可，既不能以已经通知了合伙企业的所有债权人为由不进行公告，也不能以进行了公告为由不逐一通知合伙企业的债权人。

(2) 在通知期限方面，清算人应当在被确定之日起10日内完成已知债权人的逐一通知工作，并在被确定之日起六十日内完成公告的刊登工作。

(3) 在通知的内容方面，清算人通知、公告债权人的内容至少应当包括两个方面：一方面，合伙企业解散的事项；另一方面，债权人向清算人申报债权的安排，包括申报期限、申报材料、联系方式等。

《合伙企业法》虽然没有对合伙企业清算时未依法通知、公告债权人的行为规定相应的法律责任。但是一般认为，如果清算人在合伙企业清算时未依法通知、公告债权人，导致债权人未及时申报债权而未获清偿，债权人也可以主张清算人成员对因此造成的损失承担赔偿责任。

应用

71. 在合伙企业清算的情形下，清算人是否需要通知合伙企业的债务人？

《合伙企业法》对此未作规定。但结合第87条关于清算人"处理与清算有关的合伙企业未了结事务""清缴所欠税款""清理债权、债务"的职权的规定，清算人应逐一通知合伙企业的债务人为宜。

72. 合伙企业在清算期间是否仍然具有相应的主体资格？

第88条第3款使用了"清算期间，合伙企业存续"的表述，结合《民法典》第108条关于"非法人组织除适用本章规定外，参照适用本编第三章第一节的有关规定"和《民法典》第三章第一节中第59条关于"法人的民事权利能力和民事行为能力，从法人成立时产生，到法人终止时消灭"的规定,在清算期间、注销登记之前,合伙企业是存续的,其主体资格仍然存在,仍然具有相应的民事主体地位,具有民事权利能力和相应的民事行为能力。在合伙企业清算期间,清算人应当以合伙企业的名义行事。

73. 合伙企业在清算期间开展的与清算无关的经营活动是否无效?

由于《合伙企业法》第88条第3款没有像《合伙企业法》第25条那样针对普通合伙人以其在合伙企业中的财产份额出质的行为使用"合伙人以其在合伙企业中的财产份额出质的,须经其他合伙人一致同意;未经其他合伙人一致同意,其行为无效"的表述,因此,一般认为,《合伙企业法》第88条第3款关于"清算期间,合伙企业存续,但不得开展与清算无关的经营活动"的规定,属于管理性强制性规定,不属于效力性强制性规定;探究该经营活动的效力,应当根据与该经营活动相关的合同等法律文件,结合《民法典》关于合同效力以及民事法律行为的效力的规定加以判断;在不存在《民法典》规定的合同无效或民事法律行为无效的情形时,合伙企业在清算期间开展的与清算无关的经营活动应当是有效的。对此,实务中,法院也有截然相反的意见。因此,合伙企业在清算期间要尽量避免开展与清算无关的经营活动,以免被法院认定为无效行为。

第八十九条 【清偿顺序】合伙企业财产在支付清算费用和职工工资、社会保险费用、法定补偿金以及缴纳所欠税款、清偿债务后的剩余财产,依照本法第三十三条第一款的规定进行分配。

注 解

(1) 首先用于支付合伙企业的清算费用。

清算费用包括:一是管理合伙企业财产的费用,如仓储费、保管费、保险费等;二是处分合伙企业财产的费用,如聘任工作人员的费用等;三是清算过程中的其他费用,如通告债权人的费用、调查债权的费用、咨询费用、诉讼费用等。

(2) 支付合伙企业的清算费用后的清偿顺序:职工工资、社会保险费用和法定补偿金;所欠税款。

这种清偿顺序是法定的,任何人不得违反,否则,清偿无效。这里所称的法定补偿金,是指依照法律、行政法规、规章等的规定应当补偿给职工的有关费用。

(3) 依法清偿后仍有剩余时,对此剩余财产进行分配。

合伙企业的利润分配、亏损分担,按照合伙协议的约定办理;合伙协议未约定或者约定不明确的,由合伙人协商决定;协商不成的,由合伙人按照实缴出资比例分配、分担;无法确定出资比例的,由合伙人平均分配、分担。

第九十条　【注销】清算结束,清算人应当编制清算报告,经全体合伙人签名、盖章后,在十五日内向企业登记机关报送清算报告,申请办理合伙企业注销登记。

第九十一条　【注销后原普通合伙人的责任】合伙企业注销后,原普通合伙人对合伙企业存续期间的债务仍应承担无限连带责任。

注解

需要承担责任的债务的范围包括合伙企业在自其成立之日起至注销登记之日止的期限内所发生的但尚未清偿的全部债务,即包括清算费用、职工工资、社会保险费用、法定补偿金、所欠税款以及其他债务,其他债务包括合伙企业在注销之前尚未清偿的对其合伙人或原合伙人的债务。

第九十二条　【破产】合伙企业不能清偿到期债务的,债权人可以依法向人民法院提出破产清算申请,也可以要求普通合伙人清偿。

合伙企业依法被宣告破产的,普通合伙人对合伙企业债务仍应承担无限连带责任。

注解

合伙企业的债权人向人民法院申请对其实施破产清算的前提条件是:"合伙企业不能清偿到期债务";在合伙企业能够清偿到期债务的情况下,合伙企业的债权人不能申请对其实施破产清算。

关于"不能清偿到期债务",结合《合伙企业法》第92条第1款和《企业破产法》第135条的规定,可以参考《最高人民法院关于适用〈中华人民共和国企业破产法〉若干问题的规定(一)》(法释〔2011〕22号)第2条的规定加以认定,即下列情形同时存在时,应当认定合伙企业不能清偿到期债务:一是合伙企业与债权人之间的债权债务关系依法成立;二是合伙企业履行债务的期限已经届满;三是合伙企业作为债务人未完全清偿债务。因此,合伙企业的债权人应当对合伙企业不能清偿到期债务承担证明责任。

参考《最高人民法院关于适用〈中华人民共和国企业破产法〉若干问题的规定(一)》(法释〔2011〕22号)第3条的规定,合伙企业的资产负债表,或者审计报告、资产评估报告等显示其全部资产不足以偿付全部负债的,人民法院应当认定合伙企业的资产不足以清偿全部债务,但有相反证据足以证明合伙企业资产能够偿付全部负债的除外。

第五章 法律责任

第九十三条 【骗取企业登记的法律责任】 违反本法规定,提交虚假文件或者采取其他欺骗手段,取得合伙企业登记的,由企业登记机关责令改正,处以五千元以上五万元以下的罚款;情节严重的,撤销企业登记,并处以五万元以上二十万元以下的罚款。

第九十四条 【名称中未标明法定字样的法律责任】 违反本法规定,合伙企业未在其名称中标明"普通合伙"、"特殊普通合伙"或者"有限合伙"字样的,由企业登记机关责令限期改正,处以二千元以上一万元以下的罚款。

第九十五条 【未领取营业执照,擅自从事合伙业务及未依法办理变更登记的法律责任】 违反本法规定,未领取营业执照,而以合伙企业或者合伙企业分支机构名义从事合伙业务的,由企业登记机关责令停止,处以五千元以上五万元以下的罚款。

合伙企业登记事项发生变更时,未依照本法规定办理变更登记的，由企业登记机关责令限期登记；逾期不登记的，处以二千元以上二万元以下的罚款。

合伙企业登记事项发生变更，执行合伙事务的合伙人未按期申请办理变更登记的，应当赔偿由此给合伙企业、其他合伙人或者善意第三人造成的损失。

第九十六条　【侵占合伙企业财产的法律责任】合伙人执行合伙事务，或者合伙企业从业人员利用职务上的便利，将应当归合伙企业的利益据为己有的，或者采取其他手段侵占合伙企业财产的，应当将该利益和财产退还合伙企业；给合伙企业或者其他合伙人造成损失的，依法承担赔偿责任。

第九十七条　【擅自处理合伙事务的法律责任】合伙人对本法规定或者合伙协议约定必须经全体合伙人一致同意始得执行的事务擅自处理，给合伙企业或者其他合伙人造成损失的，依法承担赔偿责任。

第九十八条　【擅自执行合伙事务的法律责任】不具有事务执行权的合伙人擅自执行合伙事务，给合伙企业或者其他合伙人造成损失的，依法承担赔偿责任。

第九十九条　【违反竞业禁止或与本合伙企业进行交易的规定的法律责任】合伙人违反本法规定或者合伙协议的约定，从事与本合伙企业相竞争的业务或者与本合伙企业进行交易的，该收益归合伙企业所有；给合伙企业或者其他合伙人造成损失的，依法承担赔偿责任。

第一百条　【未依法报送清算报告的法律责任】清算人未依照本法规定向企业登记机关报送清算报告，或者报送清算报告隐瞒重要事实，或者有重大遗漏的，由企业登记机关责令改正。由此产生的费用和损失，由清算人承担和赔偿。

第一百零一条　【清算人执行清算事务时牟取非法收入或侵占合伙企业财产的法律责任】清算人执行清算事务，牟取非法收人或者侵占合伙企业财产的，应当将该收入和侵占的财产退还合伙企业；给合伙企业或者其他合伙人造成损失的，依法承担赔偿责任。

第一百零二条 【清算人违法隐匿、转移合伙企业财产，对资产负债表或者财产清单作虚伪记载，或者在未清偿债务前分配财产的法律责任】清算人违反本法规定，隐匿、转移合伙企业财产，对资产负债表或者财产清单作虚假记载，或者在未清偿债务前分配财产，损害债权人利益的，依法承担赔偿责任。

第一百零三条 【合伙人违反合伙协议的法律责任及争议解决方式】合伙人违反合伙协议的，应当依法承担违约责任。

合伙人履行合伙协议发生争议的，合伙人可以通过协商或者调解解决。不愿通过协商、调解解决或者协商、调解不成的，可以按照合伙协议约定的仲裁条款或者事后达成的书面仲裁协议，向仲裁机构申请仲裁。合伙协议中未订立仲裁条款，事后又没有达成书面仲裁协议的，可以向人民法院起诉。

第一百零四条 【行政管理机关工作人员滥用职权、徇私舞弊、收受贿赂、侵害合伙企业合法权益的法律责任】有关行政管理机关的工作人员违反本法规定，滥用职权、徇私舞弊、收受贿赂、侵害合伙企业合法权益的，依法给予行政处分。

第一百零五条 【刑事责任】违反本法规定，构成犯罪的，依法追究刑事责任。

第一百零六条 【民事赔偿责任和罚款、罚金的承担顺序】违反本法规定，应当承担民事赔偿责任和缴纳罚款、罚金，其财产不足以同时支付的，先承担民事赔偿责任。

第六章 附 则

第一百零七条 【非企业专业服务机构采取合伙制的法律适用】非企业专业服务机构依据有关法律采取合伙制的，其合伙人承担责任的形式可以适用本法关于特殊的普通合伙企业合伙人承担责任的规定。

第一百零八条 【**外国企业或个人在中国境内设立合伙企业的管理办法的制定**】外国企业或者个人在中国境内设立合伙企业的管理办法由国务院规定。

第一百零九条 【**实施日期**】本法自 2007 年 6 月 1 日起施行。

配 套 法 规

中华人民共和国民法典（节录）

（2020年5月28日第十三届全国人民代表大会第三次会议通过 2020年5月28日中华人民共和国主席令第45号公布 自2021年1月1日起施行）

……

第三章 法　　人

第一节 一 般 规 定

第五十七条 法人是具有民事权利能力和民事行为能力，依法独立享有民事权利和承担民事义务的组织。

第五十八条 法人应当依法成立。

法人应当有自己的名称、组织机构、住所、财产或者经费。法人成立的具体条件和程序，依照法律、行政法规的规定。

设立法人，法律、行政法规规定须经有关机关批准的，依照其规定。

第五十九条 法人的民事权利能力和民事行为能力，从法人成立时产生，到法人终止时消灭。

第六十条 法人以其全部财产独立承担民事责任。

第六十一条 依照法律或者法人章程的规定，代表法人从事民事活动的负责人,为法人的法定代表人。

法定代表人以法人名义从事的民事活动,其法律后果由法人承受。

法人章程或者法人权力机构对法定代表人代表权的限制,不得对抗善意相对人。

第六十二条 法定代表人因执行职务造成他人损害的,由法人承担民事责任。

法人承担民事责任后,依照法律或者法人章程的规定,可以向有过错的法定代表人追偿。

第六十三条 法人以其主要办事机构所在地为住所。依法需要办理法人登记的,应当将主要办事机构所在地登记为住所。

第六十四条 法人存续期间登记事项发生变化的,应当依法向登记机关申请变更登记。

第六十五条 法人的实际情况与登记的事项不一致的,不得对抗善意相对人。

第六十六条 登记机关应当依法及时公示法人登记的有关信息。

第六十七条 法人合并的,其权利和义务由合并后的法人享有和承担。

法人分立的,其权利和义务由分立后的法人享有连带债权,承担连带债务,但是债权人和债务人另有约定的除外。

第六十八条 有下列原因之一并依法完成清算、注销登记的,法人终止:

(一)法人解散;

(二)法人被宣告破产;

(三)法律规定的其他原因。

法人终止,法律、行政法规规定须经有关机关批准的,依照其规定。

第六十九条 有下列情形之一的,法人解散:

(一)法人章程规定的存续期间届满或者法人章程规定的其他解

散事由出现；

（二）法人的权力机构决议解散；

（三）因法人合并或者分立需要解散；

（四）法人依法被吊销营业执照、登记证书，被责令关闭或者被撤销；

（五）法律规定的其他情形。

第七十条 法人解散的，除合并或者分立的情形外，清算义务人应当及时组成清算组进行清算。

法人的董事、理事等执行机构或者决策机构的成员为清算义务人。法律、行政法规另有规定的，依照其规定。

清算义务人未及时履行清算义务，造成损害的，应当承担民事责任；主管机关或者利害关系人可以申请人民法院指定有关人员组成清算组进行清算。

第七十一条 法人的清算程序和清算组职权，依照有关法律的规定；没有规定的，参照适用公司法律的有关规定。

第七十二条 清算期间法人存续，但是不得从事与清算无关的活动。

法人清算后的剩余财产，按照法人章程的规定或者法人权力机构的决议处理。法律另有规定的，依照其规定。

清算结束并完成法人注销登记时，法人终止；依法不需要办理法人登记的，清算结束时，法人终止。

第七十三条 法人被宣告破产的，依法进行破产清算并完成法人注销登记时，法人终止。

第七十四条 法人可以依法设立分支机构。法律、行政法规规定分支机构应当登记的，依照其规定。

分支机构以自己的名义从事民事活动，产生的民事责任由法人承担；也可以先以该分支机构管理的财产承担，不足以承担的，由法人承担。

第七十五条 设立人为设立法人从事的民事活动，其法律后果由法人承受；法人未成立的，其法律后果由设立人承受，设立人为二人以上的，享有连带债权，承担连带债务。

设立人为设立法人以自己的名义从事民事活动产生的民事责任，第三人有权选择请求法人或者设立人承担。

……

第四章　非法人组织

第一百零二条　非法人组织是不具有法人资格，但是能够依法以自己的名义从事民事活动的组织。

非法人组织包括个人独资企业、合伙企业、不具有法人资格的专业服务机构等。

第一百零三条　非法人组织应当依照法律的规定登记。

设立非法人组织，法律、行政法规规定须经有关机关批准的，依照其规定。

第一百零四条　非法人组织的财产不足以清偿债务的，其出资人或者设立人承担无限责任。法律另有规定的，依照其规定。

第一百零五条　非法人组织可以确定一人或者数人代表该组织从事民事活动。

第一百零六条　有下列情形之一的，非法人组织解散：

（一）章程规定的存续期间届满或者章程规定的其他解散事由出现；

（二）出资人或者设立人决定解散；

（三）法律规定的其他情形。

第一百零七条　非法人组织解散的，应当依法进行清算。

第一百零八条　非法人组织除适用本章规定外，参照适用本编第三章第一节的有关规定。

……

第六章　民事法律行为

第一节　一般规定

第一百三十三条　民事法律行为是民事主体通过意思表示设立、变更、终止民事法律关系的行为。

第一百三十四条　民事法律行为可以基于双方或者多方的意思表示一致成立，也可以基于单方的意思表示成立。

法人、非法人组织依照法律或者章程规定的议事方式和表决程序作出决议的，该决议行为成立。

第一百三十五条　民事法律行为可以采用书面形式、口头形式或者其他形式；法律、行政法规规定或者当事人约定采用特定形式的，应当采用特定形式。

第一百三十六条　民事法律行为自成立时生效，但是法律另有规定或者当事人另有约定的除外。

行为人非依法律规定或者未经对方同意，不得擅自变更或者解除民事法律行为。

第二节　意思表示

第一百三十七条　以对话方式作出的意思表示，相对人知道其内容时生效。

以非对话方式作出的意思表示，到达相对人时生效。以非对话方式作出的采用数据电文形式的意思表示，相对人指定特定系统接收数据电文的，该数据电文进入该特定系统时生效；未指定特定系统的，相对人知道或者应当知道该数据电文进入其系统时生效。当事人对采用数据电文形式的意思表示的生效时间另有约定的，按照其约定。

第一百三十八条 无相对人的意思表示，表示完成时生效。法律另有规定的，依照其规定。

第一百三十九条 以公告方式作出的意思表示，公告发布时生效。

第一百四十条 行为人可以明示或者默示作出意思表示。

沉默只有在有法律规定、当事人约定或者符合当事人之间的交易习惯时，才可以视为意思表示。

第一百四十一条 行为人可以撤回意思表示。撤回意思表示的通知应当在意思表示到达相对人前或者与意思表示同时到达相对人。

第一百四十二条 有相对人的意思表示的解释，应当按照所使用的词句，结合相关条款、行为的性质和目的、习惯以及诚信原则，确定意思表示的含义。

无相对人的意思表示的解释，不能完全拘泥于所使用的词句，而应当结合相关条款、行为的性质和目的、习惯以及诚信原则，确定行为人的真实意思。

第三节 民事法律行为的效力

第一百四十三条 具备下列条件的民事法律行为有效：

（一）行为人具有相应的民事行为能力；

（二）意思表示真实；

（三）不违反法律、行政法规的强制性规定，不违背公序良俗。

第一百四十四条 无民事行为能力人实施的民事法律行为无效。

第一百四十五条 限制民事行为能力人实施的纯获利益的民事法律行为或者与其年龄、智力、精神健康状况相适应的民事法律行为有效；实施的其他民事法律行为经法定代理人同意或者追认后有效。

相对人可以催告法定代理人自收到通知之日起三十日内予以追认。法定代理人未作表示的，视为拒绝追认。民事法律行为被追认前，善意相对人有撤销的权利。撤销应当以通知的方式作出。

第一百四十六条 行为人与相对人以虚假的意思表示实施的民事法律行为无效。

以虚假的意思表示隐藏的民事法律行为的效力，依照有关法律规定处理。

第一百四十七条 基于重大误解实施的民事法律行为，行为人有权请求人民法院或者仲裁机构予以撤销。

第一百四十八条 一方以欺诈手段，使对方在违背真实意思的情况下实施的民事法律行为，受欺诈方有权请求人民法院或者仲裁机构予以撤销。

第一百四十九条 第三人实施欺诈行为，使一方在违背真实意思的情况下实施的民事法律行为，对方知道或者应当知道该欺诈行为的，受欺诈方有权请求人民法院或者仲裁机构予以撤销。

第一百五十条 一方或者第三人以胁迫手段，使对方在违背真实意思的情况下实施的民事法律行为，受胁迫方有权请求人民法院或者仲裁机构予以撤销。

第一百五十一条 一方利用对方处于危困状态、缺乏判断能力等情形，致使民事法律行为成立时显失公平的，受损害方有权请求人民法院或者仲裁机构予以撤销。

第一百五十二条 有下列情形之一的，撤销权消灭：

（一）当事人自知道或者应当知道撤销事由之日起一年内、重大误解的当事人自知道或者应当知道撤销事由之日起九十日内没有行使撤销权；

（二）当事人受胁迫，自胁迫行为终止之日起一年内没有行使撤销权；

（三）当事人知道撤销事由后明确表示或者以自己的行为表明放弃撤销权。

当事人自民事法律行为发生之日起五年内没有行使撤销权的，撤销权消灭。

第一百五十三条 违反法律、行政法规的强制性规定的民事法律行为无效。但是，该强制性规定不导致该民事法律行为无效的除外。

违背公序良俗的民事法律行为无效。

第一百五十四条 行为人与相对人恶意串通，损害他人合法权益的民事法律行为无效。

第一百五十五条 无效的或者被撤销的民事法律行为自始没有法律约束力。

第一百五十六条 民事法律行为部分无效，不影响其他部分效力的，其他部分仍然有效。

第一百五十七条 民事法律行为无效、被撤销或者确定不发生效力后，行为人因该行为取得的财产，应当予以返还；不能返还或者没有必要返还的，应当折价补偿。有过错的一方应当赔偿对方由此所受到的损失；各方都有过错的，应当各自承担相应的责任。法律另有规定的，依照其规定。

……

第三编 合 同

第一分编 通 则

第一章 一般规定

第四百六十三条 本编调整因合同产生的民事关系。

第四百六十四条 合同是民事主体之间设立、变更、终止民事法律关系的协议。

婚姻、收养、监护等有关身份关系的协议，适用有关该身份关系的法律规定；没有规定的，可以根据其性质参照适用本编规定。

第四百六十五条 依法成立的合同，受法律保护。

依法成立的合同，仅对当事人具有法律约束力，但是法律另有规定的除外。

第四百六十六条 当事人对合同条款的理解有争议的，应当依据本法第一百四十二条第一款的规定，确定争议条款的含义。

合同文本采用两种以上文字订立并约定具有同等效力的，对各文本使用的词句推定具有相同含义。各文本使用的词句不一致的，应当根据合同的相关条款、性质、目的以及诚信原则等予以解释。

第四百六十七条 本法或者其他法律没有明文规定的合同，适用本编通则的规定，并可以参照适用本编或者其他法律最相类似合同的规定。

在中华人民共和国境内履行的中外合资经营企业合同、中外合作经营企业合同、中外合作勘探开发自然资源合同，适用中华人民共和国法律。

第四百六十八条 非因合同产生的债权债务关系，适用有关该债权债务关系的法律规定；没有规定的，适用本编通则的有关规定，但是根据其性质不能适用的除外。

……

第二分编 典型合同

……

第二十七章 合伙合同

第九百六十七条 合伙合同是两个以上合伙人为了共同的事业目的，订立的共享利益、共担风险的协议。

第九百六十八条　合伙人应当按照约定的出资方式、数额和缴付期限，履行出资义务。

第九百六十九条　合伙人的出资、因合伙事务依法取得的收益和其他财产，属于合伙财产。

合伙合同终止前，合伙人不得请求分割合伙财产。

第九百七十条　合伙人就合伙事务作出决定的，除合伙合同另有约定外，应当经全体合伙人一致同意。

合伙事务由全体合伙人共同执行。按照合伙合同的约定或者全体合伙人的决定，可以委托一个或者数个合伙人执行合伙事务；其他合伙人不再执行合伙事务，但是有权监督执行情况。

合伙人分别执行合伙事务的，执行事务合伙人可以对其他合伙人执行的事务提出异议；提出异议后，其他合伙人应当暂停该项事务的执行。

第九百七十一条　合伙人不得因执行合伙事务而请求支付报酬，但是合伙合同另有约定的除外。

第九百七十二条　合伙的利润分配和亏损分担，按照合伙合同的约定办理；合伙合同没有约定或者约定不明确的，由合伙人协商决定；协商不成的，由合伙人按照实缴出资比例分配、分担；无法确定出资比例的，由合伙人平均分配、分担。

第九百七十三条　合伙人对合伙债务承担连带责任。清偿合伙债务超过自己应当承担份额的合伙人，有权向其他合伙人追偿。

第九百七十四条　除合伙合同另有约定外，合伙人向合伙人以外的人转让其全部或者部分财产份额的，须经其他合伙人一致同意。

第九百七十五条　合伙人的债权人不得代位行使合伙人依照本章规定和合伙合同享有的权利，但是合伙人享有的利益分配请求权除外。

第九百七十六条　合伙人对合伙期限没有约定或者约定不明确，依据本法第五百一十条的规定仍不能确定的，视为不定期合伙。

合伙期限届满，合伙人继续执行合伙事务，其他合伙人没有提出异议的，原合伙合同继续有效，但是合伙期限为不定期。

合伙人可以随时解除不定期合伙合同，但是应当在合理期限之前通知其他合伙人。

第九百七十七条 合伙人死亡、丧失民事行为能力或者终止的，合伙合同终止；但是，合伙合同另有约定或者根据合伙事务的性质不宜终止的除外。

第九百七十八条 合伙合同终止后，合伙财产在支付因终止而产生的费用以及清偿合伙债务后有剩余的，依据本法第九百七十二条的规定进行分配。

……

中华人民共和国市场主体登记管理条例

（2021年4月14日国务院第131次常务会议通过 2021年7月27日中华人民共和国国务院令第746号公布 自2022年3月1日起施行）

第一章 总　　则

第一条 为了规范市场主体登记管理行为，推进法治化市场建设，维护良好市场秩序和市场主体合法权益，优化营商环境，制定本条例。

第二条 本条例所称市场主体，是指在中华人民共和国境内以营利为目的从事经营活动的下列自然人、法人及非法人组织：

（一）公司、非公司企业法人及其分支机构；

（二）个人独资企业、合伙企业及其分支机构；

（三）农民专业合作社（联合社）及其分支机构；

（四）个体工商户；

（五）外国公司分支机构；

（六）法律、行政法规规定的其他市场主体。

第三条 市场主体应当依照本条例办理登记。未经登记，不得以市场主体名义从事经营活动。法律、行政法规规定无需办理登记的除外。

市场主体登记包括设立登记、变更登记和注销登记。

第四条 市场主体登记管理应当遵循依法合规、规范统一、公开透明、便捷高效的原则。

第五条 国务院市场监督管理部门主管全国市场主体登记管理工作。

县级以上地方人民政府市场监督管理部门主管本辖区市场主体登记管理工作，加强统筹指导和监督管理。

第六条 国务院市场监督管理部门应当加强信息化建设，制定统一的市场主体登记数据和系统建设规范。

县级以上地方人民政府承担市场主体登记工作的部门（以下称登记机关）应当优化市场主体登记办理流程，提高市场主体登记效率，推行当场办结、一次办结、限时办结等制度，实现集中办理、就近办理、网上办理、异地可办，提升市场主体登记便利化程度。

第七条 国务院市场监督管理部门和国务院有关部门应当推动市场主体登记信息与其他政府信息的共享和运用，提升政府服务效能。

第二章 登记事项

第八条 市场主体的一般登记事项包括：

（一）名称；

（二）主体类型；

（三）经营范围；

（四）住所或者主要经营场所；

（五）注册资本或者出资额；

（六）法定代表人、执行事务合伙人或者负责人姓名。

除前款规定外，还应当根据市场主体类型登记下列事项：

（一）有限责任公司股东、股份有限公司发起人、非公司企业法人出资人的姓名或者名称；

（二）个人独资企业的投资人姓名及居所；

（三）合伙企业的合伙人名称或者姓名、住所、承担责任方式；

（四）个体工商户的经营者姓名、住所、经营场所；

（五）法律、行政法规规定的其他事项。

第九条 市场主体的下列事项应当向登记机关办理备案：

（一）章程或者合伙协议；

（二）经营期限或者合伙期限；

（三）有限责任公司股东或者股份有限公司发起人认缴的出资数额，合伙企业合伙人认缴或者实际缴付的出资数额、缴付期限和出资方式；

（四）公司董事、监事、高级管理人员；

（五）农民专业合作社（联合社）成员；

（六）参加经营的个体工商户家庭成员姓名；

（七）市场主体登记联络员、外商投资企业法律文件送达接受人；

（八）公司、合伙企业等市场主体受益所有人相关信息；

（九）法律、行政法规规定的其他事项。

第十条 市场主体只能登记一个名称，经登记的市场主体名称受法律保护。

市场主体名称由申请人依法自主申报。

第十一条 市场主体只能登记一个住所或者主要经营场所。

电子商务平台内的自然人经营者可以根据国家有关规定，将电子商务平台提供的网络经营场所作为经营场所。

省、自治区、直辖市人民政府可以根据有关法律、行政法规的规定和本地区实际情况，自行或者授权下级人民政府对住所或者主要经营场所作出更加便利市场主体从事经营活动的具体规定。

第十二条 有下列情形之一的，不得担任公司、非公司企业法人的法定代表人：

（一）无民事行为能力或者限制民事行为能力；

（二）因贪污、贿赂、侵占财产、挪用财产或者破坏社会主义市场经济秩序被判处刑罚，执行期满未逾5年，或者因犯罪被剥夺政治权利，执行期满未逾5年；

（三）担任破产清算的公司、非公司企业法人的法定代表人、董事或者厂长、经理，对破产负有个人责任的，自破产清算完结之日起未逾3年；

（四）担任因违法被吊销营业执照、责令关闭的公司、非公司企业法人的法定代表人，并负有个人责任的，自被吊销营业执照之日起未逾3年；

（五）个人所负数额较大的债务到期未清偿；

（六）法律、行政法规规定的其他情形。

第十三条 除法律、行政法规或者国务院决定另有规定外，市场主体的注册资本或者出资额实行认缴登记制，以人民币表示。

出资方式应当符合法律、行政法规的规定。公司股东、非公司企业法人出资人、农民专业合作社（联合社）成员不得以劳务、信用、自然人姓名、商誉、特许经营权或者设定担保的财产等作价出资。

第十四条 市场主体的经营范围包括一般经营项目和许可经营项目。经营范围中属于在登记前依法须经批准的许可经营项目，市场主体应当在申请登记时提交有关批准文件。

市场主体应当按照登记机关公布的经营项目分类标准办理经营范围登记。

第三章 登记规范

第十五条 市场主体实行实名登记。申请人应当配合登记机关核验身份信息。

第十六条 申请办理市场主体登记，应当提交下列材料：

（一）申请书；

（二）申请人资格文件、自然人身份证明；

（三）住所或者主要经营场所相关文件；

（四）公司、非公司企业法人、农民专业合作社（联合社）章程或者合伙企业合伙协议；

（五）法律、行政法规和国务院市场监督管理部门规定提交的其他材料。

国务院市场监督管理部门应当根据市场主体类型分别制定登记材料清单和文书格式样本，通过政府网站、登记机关服务窗口等向社会公开。

登记机关能够通过政务信息共享平台获取的市场主体登记相关信息，不得要求申请人重复提供。

第十七条 申请人应当对提交材料的真实性、合法性和有效性负责。

第十八条 申请人可以委托其他自然人或者中介机构代其办理市场主体登记。受委托的自然人或者中介机构代为办理登记事宜应当遵守有关规定，不得提供虚假信息和材料。

第十九条 登记机关应当对申请材料进行形式审查。对申请材料齐全、符合法定形式的予以确认并当场登记。不能当场登记的，应当在3个工作日内予以登记；情形复杂的，经登记机关负责人批准，可以再延长3个工作日。

申请材料不齐全或者不符合法定形式的，登记机关应当一次性告知申请人需要补正的材料。

第二十条 登记申请不符合法律、行政法规规定，或者可能危害国家安全、社会公共利益的，登记机关不予登记并说明理由。

第二十一条 申请人申请市场主体设立登记，登记机关依法予以登记的，签发营业执照。营业执照签发日期为市场主体的成立日期。

法律、行政法规或者国务院决定规定设立市场主体须经批准的，应当在批准文件有效期内向登记机关申请登记。

第二十二条 营业执照分为正本和副本，具有同等法律效力。

电子营业执照与纸质营业执照具有同等法律效力。

营业执照样式、电子营业执照标准由国务院市场监督管理部门统一制定。

第二十三条 市场主体设立分支机构，应当向分支机构所在地的登记机关申请登记。

第二十四条 市场主体变更登记事项，应当自作出变更决议、决定或者法定变更事项发生之日起 30 日内向登记机关申请变更登记。

市场主体变更登记事项属于依法须经批准的，申请人应当在批准文件有效期内向登记机关申请变更登记。

第二十五条 公司、非公司企业法人的法定代表人在任职期间发生本条例第十二条所列情形之一的，应当向登记机关申请变更登记。

第二十六条 市场主体变更经营范围，属于依法须经批准的项目的，应当自批准之日起 30 日内申请变更登记。许可证或者批准文件被吊销、撤销或者有效期届满的，应当自许可证或者批准文件被吊销、撤销或者有效期届满之日起 30 日内向登记机关申请变更登记或者办理注销登记。

第二十七条 市场主体变更住所或者主要经营场所跨登记机关辖区的，应当在迁入新的住所或者主要经营场所前，向迁入地登记机关申请变更登记。迁出地登记机关无正当理由不得拒绝移交市场主体档案等相关材料。

第二十八条 市场主体变更登记涉及营业执照记载事项的，登记机关应当及时为市场主体换发营业执照。

第二十九条 市场主体变更本条例第九条规定的备案事项的，应当自作出变更决议、决定或者法定变更事项发生之日起30日内向登记机关办理备案。农民专业合作社（联合社）成员发生变更的，应当自本会计年度终了之日起90日内向登记机关办理备案。

第三十条 因自然灾害、事故灾难、公共卫生事件、社会安全事件等原因造成经营困难的，市场主体可以自主决定在一定时期内歇业。法律、行政法规另有规定的除外。

市场主体应当在歇业前与职工依法协商劳动关系处理等有关事项。

市场主体应当在歇业前向登记机关办理备案。登记机关通过国家企业信用信息公示系统向社会公示歇业期限、法律文书送达地址等信息。

市场主体歇业的期限最长不得超过3年。市场主体在歇业期间开展经营活动的，视为恢复营业，市场主体应当通过国家企业信用信息公示系统向社会公示。

市场主体歇业期间，可以以法律文书送达地址代替住所或者主要经营场所。

第三十一条 市场主体因解散、被宣告破产或者其他法定事由需要终止的，应当依法向登记机关申请注销登记。经登记机关注销登记，市场主体终止。

市场主体注销依法须经批准的，应当经批准后向登记机关申请注销登记。

第三十二条 市场主体注销登记前依法应当清算的，清算组应当自成立之日起10日内将清算组成员、清算组负责人名单通过国家企业信用信息公示系统公告。清算组可以通过国家企业信用信息公示系统发布债权人公告。

清算组应当自清算结束之日起30日内向登记机关申请注销登记。市场主体申请注销登记前，应当依法办理分支机构注销登记。

第三十三条 市场主体未发生债权债务或者已将债权债务清偿完结，未发生或者已结清清偿费用、职工工资、社会保险费用、法定补偿金、应缴纳税款（滞纳金、罚款），并由全体投资人书面承诺对上述情况的真实性承担法律责任的，可以按照简易程序办理注销登记。

市场主体应当将承诺书及注销登记申请通过国家企业信用信息公示系统公示，公示期为20日。在公示期内无相关部门、债权人及其他利害关系人提出异议的，市场主体可以于公示期届满之日起20日内向登记机关申请注销登记。

个体工商户按照简易程序办理注销登记的，无需公示，由登记机关将个体工商户的注销登记申请推送至税务等有关部门，有关部门在10日内没有提出异议的，可以直接办理注销登记。

市场主体注销依法须经批准的，或者市场主体被吊销营业执照、责令关闭、撤销，或者被列入经营异常名录的，不适用简易注销程序。

第三十四条 人民法院裁定强制清算或者裁定宣告破产的，有关清算组、破产管理人可以持人民法院终结强制清算程序的裁定或者终结破产程序的裁定，直接向登记机关申请办理注销登记。

第四章　监督管理

第三十五条 市场主体应当按照国家有关规定公示年度报告和登记相关信息。

第三十六条 市场主体应当将营业执照置于住所或者主要经营场所的醒目位置。从事电子商务经营的市场主体应当在其首页显著位置持续公示营业执照信息或者相关链接标识。

第三十七条 任何单位和个人不得伪造、涂改、出租、出借、转让营业执照。

营业执照遗失或者毁坏的，市场主体应当通过国家企业信用信息公示系统声明作废，申请补领。

登记机关依法作出变更登记、注销登记和撤销登记决定的，市场主体应当缴回营业执照。拒不缴回或者无法缴回营业执照的，由登记机关通过国家企业信用信息公示系统公告营业执照作废。

第三十八条 登记机关应当根据市场主体的信用风险状况实施分级分类监管。

登记机关应当采取随机抽取检查对象、随机选派执法检查人员的方式，对市场主体登记事项进行监督检查，并及时向社会公开监督检查结果。

第三十九条 登记机关对市场主体涉嫌违反本条例规定的行为进行查处，可以行使下列职权：

（一）进入市场主体的经营场所实施现场检查；

（二）查阅、复制、收集与市场主体经营活动有关的合同、票据、账簿以及其他资料；

（三）向与市场主体经营活动有关的单位和个人调查了解情况；

（四）依法责令市场主体停止相关经营活动；

（五）依法查询涉嫌违法的市场主体的银行账户；

（六）法律、行政法规规定的其他职权。

登记机关行使前款第四项、第五项规定的职权的，应当经登记机关主要负责人批准。

第四十条 提交虚假材料或者采取其他欺诈手段隐瞒重要事实取得市场主体登记的，受虚假市场主体登记影响的自然人、法人和其他组织可以向登记机关提出撤销市场主体登记的申请。

登记机关受理申请后，应当及时开展调查。经调查认定存在虚假市场主体登记情形的，登记机关应当撤销市场主体登记。相关市场主体和人员无法联系或者拒不配合的，登记机关可以将相关市场主体的登记时间、登记事项等通过国家企业信用信息公示系统向社会公示，公示期为45日。相关市场主体及其利害关系人在公示期内没有提出异议的，登记机关可以撤销市场主体登记。

因虚假市场主体登记被撤销的市场主体，其直接责任人自市场主体登记被撤销之日起3年内不得再次申请市场主体登记。登记机关应当通过国家企业信用信息公示系统予以公示。

第四十一条 有下列情形之一的，登记机关可以不予撤销市场主体登记：

（一）撤销市场主体登记可能对社会公共利益造成重大损害；

（二）撤销市场主体登记后无法恢复到登记前的状态；

（三）法律、行政法规规定的其他情形。

第四十二条 登记机关或者其上级机关认定撤销市场主体登记决定错误的，可以撤销该决定，恢复原登记状态，并通过国家企业信用信息公示系统公示。

第五章　法律责任

第四十三条 未经设立登记从事经营活动的，由登记机关责令改正，没收违法所得；拒不改正的，处1万元以上10万元以下的罚款；情节严重的，依法责令关闭停业，并处10万元以上50万元以下的罚款。

第四十四条 提交虚假材料或者采取其他欺诈手段隐瞒重要事实取得市场主体登记的，由登记机关责令改正，没收违法所得，并处5万元以上20万元以下的罚款；情节严重的，处20万元以上100万元以下的罚款，吊销营业执照。

第四十五条 实行注册资本实缴登记制的市场主体虚报注册资本取得市场主体登记的，由登记机关责令改正，处虚报注册资本金额 5%以上 15%以下的罚款；情节严重的，吊销营业执照。

实行注册资本实缴登记制的市场主体的发起人、股东虚假出资，未交付或者未按期交付作为出资的货币或者非货币财产的，或者在市场主体成立后抽逃出资的，由登记机关责令改正，处虚假出资金额 5%以上 15%以下的罚款。

第四十六条 市场主体未依照本条例办理变更登记的，由登记机关责令改正；拒不改正的，处 1 万元以上 10 万元以下的罚款；情节严重的，吊销营业执照。

第四十七条 市场主体未依照本条例办理备案的，由登记机关责令改正；拒不改正的，处 5 万元以下的罚款。

第四十八条 市场主体未依照本条例将营业执照置于住所或者主要经营场所醒目位置的，由登记机关责令改正；拒不改正的，处 3 万元以下的罚款。

从事电子商务经营的市场主体未在其首页显著位置持续公示营业执照信息或者相关链接标识的，由登记机关依照《中华人民共和国电子商务法》处罚。

市场主体伪造、涂改、出租、出借、转让营业执照的，由登记机关没收违法所得，处 10 万元以下的罚款；情节严重的，处 10 万元以上 50 万元以下的罚款，吊销营业执照。

第四十九条 违反本条例规定的，登记机关确定罚款金额时，应当综合考虑市场主体的类型、规模、违法情节等因素。

第五十条 登记机关及其工作人员违反本条例规定未履行职责或者履行职责不当的，对直接负责的主管人员和其他直接责任人员依法给予处分。

第五十一条 违反本条例规定，构成犯罪的，依法追究刑事责任。

第五十二条 法律、行政法规对市场主体登记管理违法行为处罚另有规定的，从其规定。

第六章 附　　则

第五十三条 国务院市场监督管理部门可以依照本条例制定市场主体登记和监督管理的具体办法。

第五十四条 无固定经营场所摊贩的管理办法，由省、自治区、直辖市人民政府根据当地实际情况另行规定。

第五十五条 本条例自2022年3月1日起施行。《中华人民共和国公司登记管理条例》、《中华人民共和国企业法人登记管理条例》、《中华人民共和国合伙企业登记管理办法》、《农民专业合作社登记管理条例》、《企业法人法定代表人登记管理规定》同时废止。

中华人民共和国市场主体登记管理条例实施细则

（2022年3月1日国家市场监督管理总局令第52号公布　自公布之日起施行）

第一章 总　　则

第一条 根据《中华人民共和国市场主体登记管理条例》（以下简称《条例》）等有关法律法规，制定本实施细则。

第二条 市场主体登记管理应当遵循依法合规、规范统一、公开透明、便捷高效的原则。

第三条 国家市场监督管理总局主管全国市场主体统一登记管理工作，制定市场主体登记管理的制度措施，推进登记全程电子化，规范登记行为，指导地方登记机关依法有序开展登记管理工作。

县级以上地方市场监督管理部门主管本辖区市场主体登记管理工作,加强对辖区内市场主体登记管理工作的统筹指导和监督管理,提升登记管理水平。

县级市场监督管理部门的派出机构可以依法承担个体工商户等市场主体的登记管理职责。

各级登记机关依法履行登记管理职责,执行全国统一的登记管理政策文件和规范要求,使用统一的登记材料、文书格式,以及省级统一的市场主体登记管理系统,优化登记办理流程,推行网上办理等便捷方式,健全数据安全管理制度,提供规范化、标准化登记管理服务。

第四条 省级以上人民政府或者其授权的国有资产监督管理机构履行出资人职责的公司,以及该公司投资设立并持有50%以上股权或者股份的公司的登记管理由省级登记机关负责;股份有限公司的登记管理由地市级以上地方登记机关负责。

除前款规定的情形外,省级市场监督管理部门依法对本辖区登记管辖作出统一规定;上级登记机关在特定情形下,可以依法将部分市场主体登记管理工作交由下级登记机关承担,或者承担下级登记机关的部分登记管理工作。

外商投资企业登记管理由国家市场监督管理总局或者其授权的地方市场监督管理部门负责。

第五条 国家市场监督管理总局应当加强信息化建设,统一登记管理业务规范、数据标准和平台服务接口,归集全国市场主体登记管理信息。

省级市场监督管理部门主管本辖区登记管理信息化建设,建立统一的市场主体登记管理系统,归集市场主体登记管理信息,规范市场主体登记注册流程,提升政务服务水平,强化部门间信息共享和业务协同,提升市场主体登记管理便利化程度。

第二章 登记事项

第六条 市场主体应当按照类型依法登记下列事项:

(一)公司:名称、类型、经营范围、住所、注册资本、法定代表人姓名、有限责任公司股东或者股份有限公司发起人姓名或者名称。

(二)非公司企业法人:名称、类型、经营范围、住所、出资额、法定代表人姓名、出资人(主管部门)名称。

(三)个人独资企业:名称、类型、经营范围、住所、出资额、投资人姓名及居所。

(四)合伙企业:名称、类型、经营范围、主要经营场所、出资额、执行事务合伙人名称或者姓名,合伙人名称或者姓名、住所、承担责任方式。执行事务合伙人是法人或者其他组织的,登记事项还应当包括其委派的代表姓名。

(五)农民专业合作社(联合社):名称、类型、经营范围、住所、出资额、法定代表人姓名。

(六)分支机构:名称、类型、经营范围、经营场所、负责人姓名。

(七)个体工商户:组成形式、经营范围、经营场所,经营者姓名、住所。个体工商户使用名称的,登记事项还应当包括名称。

(八)法律、行政法规规定的其他事项。

第七条 市场主体应当按照类型依法备案下列事项:

(一)公司:章程、经营期限、有限责任公司股东或者股份有限公司发起人认缴的出资数额、董事、监事、高级管理人员、登记联络员、外商投资公司法律文件送达接受人。

(二)非公司企业法人:章程、经营期限、登记联络员。

(三)个人独资企业:登记联络员。

（四）合伙企业：合伙协议、合伙期限、合伙人认缴或者实际缴付的出资数额、缴付期限和出资方式、登记联络员、外商投资合伙企业法律文件送达接受人。

（五）农民专业合作社（联合社）：章程、成员、登记联络员。

（六）分支机构：登记联络员。

（七）个体工商户：家庭参加经营的家庭成员姓名、登记联络员。

（八）公司、合伙企业等市场主体受益所有人相关信息。

（九）法律、行政法规规定的其他事项。

上述备案事项由登记机关在设立登记时一并进行信息采集。

受益所有人信息管理制度由中国人民银行会同国家市场监督管理总局另行制定。

第八条 市场主体名称由申请人依法自主申报。

第九条 申请人应当依法申请登记下列市场主体类型：

（一）有限责任公司、股份有限公司；

（二）全民所有制企业、集体所有制企业、联营企业；

（三）个人独资企业；

（四）普通合伙（含特殊普通合伙）企业、有限合伙企业；

（五）农民专业合作社、农民专业合作社联合社；

（六）个人经营的个体工商户、家庭经营的个体工商户。

分支机构应当按所属市场主体类型注明分公司或者相应的分支机构。

第十条 申请人应当根据市场主体类型依法向其住所（主要经营场所、经营场所）所在地具有登记管辖权的登记机关办理登记。

第十一条 申请人申请登记市场主体法定代表人、执行事务合伙人（含委派代表），应当符合章程或者协议约定。

合伙协议未约定或者全体合伙人未决定委托执行事务合伙人的，除有限合伙人外，申请人应当将其他合伙人均登记为执行事务合伙人。

第十二条 申请人应当按照国家市场监督管理总局发布的经营

范围规范目录，根据市场主体主要行业或者经营特征自主选择一般经营项目和许可经营项目，申请办理经营范围登记。

第十三条　申请人申请登记的市场主体注册资本（出资额）应当符合章程或者协议约定。

市场主体注册资本（出资额）以人民币表示。外商投资企业的注册资本（出资额）可以用可自由兑换的货币表示。

依法以境内公司股权或者债权出资的，应当权属清楚、权能完整，依法可以评估、转让，符合公司章程规定。

第三章　登记规范

第十四条　申请人可以自行或者指定代表人、委托代理人办理市场主体登记、备案事项。

第十五条　申请人应当在申请材料上签名或者盖章。

申请人可以通过全国统一电子营业执照系统等电子签名工具和途径进行电子签名或者电子签章。符合法律规定的可靠电子签名、电子签章与手写签名或者盖章具有同等法律效力。

第十六条　在办理登记、备案事项时，申请人应当配合登记机关通过实名认证系统，采用人脸识别等方式对下列人员进行实名验证：

（一）法定代表人、执行事务合伙人（含委派代表）、负责人；

（二）有限责任公司股东、股份有限公司发起人、公司董事、监事及高级管理人员；

（三）个人独资企业投资人、合伙企业合伙人、农民专业合作社（联合社）成员、个体工商户经营者；

（四）市场主体登记联络员、外商投资企业法律文件送达接受人；

（五）指定的代表人或者委托代理人。

因特殊原因，当事人无法通过实名认证系统核验身份信息的，可以提交经依法公证的自然人身份证明文件，或者由本人持身份证件到现场办理。

第十七条 办理市场主体登记、备案事项，申请人可以到登记机关现场提交申请，也可以通过市场主体登记注册系统提出申请。

申请人对申请材料的真实性、合法性、有效性负责。

办理市场主体登记、备案事项，应当遵守法律法规，诚实守信，不得利用市场主体登记，牟取非法利益，扰乱市场秩序，危害国家安全、社会公共利益。

第十八条 申请材料齐全、符合法定形式的，登记机关予以确认，并当场登记，出具登记通知书，及时制发营业执照。

不予当场登记的，登记机关应当向申请人出具接收申请材料凭证，并在3个工作日内对申请材料进行审查；情形复杂的，经登记机关负责人批准，可以延长3个工作日，并书面告知申请人。

申请材料不齐全或不符合法定形式的，登记机关应当将申请材料退还申请人，并一次性告知申请人需要补正的材料。申请人补正后，应当重新提交申请材料。

不属于市场主体登记范畴或者不属于本登记机关登记管辖范围的事项，登记机关应当告知申请人向有关行政机关申请。

第十九条 市场主体登记申请不符合法律、行政法规或者国务院决定规定，或者可能危害国家安全、社会公共利益的，登记机关不予登记，并出具不予登记通知书。

利害关系人就市场主体申请材料的真实性、合法性、有效性或者其他有关实体权利提起诉讼或者仲裁，对登记机关依法登记造成影响的，申请人应当在诉讼或者仲裁终结后，向登记机关申请办理登记。

第二十条 市场主体法定代表人依法受到任职资格限制的，在申请办理其他变更登记时，应当依法及时申请办理法定代表人变更登记。

市场主体因通过登记的住所（主要经营场所、经营场所）无法取得联系被列入经营异常名录的，在申请办理其他变更登记时，应当依法及时申请办理住所（主要经营场所、经营场所）变更登记。

第二十一条 公司或者农民专业合作社（联合社）合并、分立的，可以通过国家企业信用信息公示系统公告，公告期45日，应当于公告期届满后申请办理登记。

非公司企业法人合并、分立的，应当经出资人（主管部门）批准，自批准之日起30日内申请办理登记。

市场主体设立分支机构的，应当自决定作出之日起30日内向分支机构所在地登记机关申请办理登记。

第二十二条 法律、行政法规或者国务院决定规定市场主体申请登记、备案事项前需要审批的，在办理登记、备案时，应当在有效期内提交有关批准文件或者许可证书。有关批准文件或者许可证书未规定有效期限，自批准之日起超过90日的，申请人应当报审批机关确认其效力或者另行报批。

市场主体设立后，前款规定批准文件或者许可证书内容有变化、被吊销、撤销或者有效期届满的，应当自批准文件、许可证书重新批准之日或者被吊销、撤销、有效期届满之日起30日内申请办理变更登记或者注销登记。

第二十三条 市场主体营业执照应当载明名称、法定代表人（执行事务合伙人、个人独资企业投资人、经营者或者负责人）姓名、类型（组成形式）、注册资本（出资额）、住所（主要经营场所、经营场所）、经营范围、登记机关、成立日期、统一社会信用代码。

电子营业执照与纸质营业执照具有同等法律效力，市场主体可以凭电子营业执照开展经营活动。

市场主体在办理涉及营业执照记载事项变更登记或者申请注销登记时，需要在提交申请时一并缴回纸质营业执照正、副本。对于市场主体营业执照拒不缴回或者无法缴回的，登记机关在完成变更登记或者注销登记后，通过国家企业信用信息公示系统公告营业执照作废。

第二十四条 外国投资者在中国境内设立外商投资企业，其主体资格文件或者自然人身份证明应当经所在国家公证机关公证并经中国驻该国使（领）馆认证。中国与有关国家缔结或者共同参加的国际条约对认证另有规定的除外。

香港特别行政区、澳门特别行政区和台湾地区投资者的主体资格文件或者自然人身份证明应当按照专项规定或者协议，依法提供当地公证机构的公证文件。按照国家有关规定，无需提供公证文件的除外。

第四章 设立登记

第二十五条 申请办理设立登记，应当提交下列材料：
（一）申请书；
（二）申请人主体资格文件或者自然人身份证明；
（三）住所（主要经营场所、经营场所）相关文件；
（四）公司、非公司企业法人、农民专业合作社（联合社）章程或者合伙企业合伙协议。

第二十六条 申请办理公司设立登记，还应当提交法定代表人、董事、监事和高级管理人员的任职文件和自然人身份证明。

除前款规定的材料外，募集设立股份有限公司还应当提交依法设立的验资机构出具的验资证明；公开发行股票的，还应当提交国务院证券监督管理机构的核准或者注册文件。涉及发起人首次出资属于非货币财产的，还应当提交已办理财产权转移手续的证明文件。

第二十七条 申请设立非公司企业法人，还应当提交法定代表人的任职文件和自然人身份证明。

第二十八条 申请设立合伙企业，还应当提交下列材料：
（一）法律、行政法规规定设立特殊的普通合伙企业需要提交合伙人的职业资格文件的，提交相应材料；

（二）全体合伙人决定委托执行事务合伙人的，应当提交全体合伙人的委托书和执行事务合伙人的主体资格文件或者自然人身份证明。执行事务合伙人是法人或者其他组织的，还应当提交其委派代表的委托书和自然人身份证明。

第二十九条 申请设立农民专业合作社（联合社），还应当提交下列材料：

（一）全体设立人签名或者盖章的设立大会纪要；

（二）法定代表人、理事的任职文件和自然人身份证明；

（三）成员名册和出资清单，以及成员主体资格文件或者自然人身份证明。

第三十条 申请办理分支机构设立登记，还应当提交负责人的任职文件和自然人身份证明。

第五章 变更登记

第三十一条 市场主体变更登记事项，应当自作出变更决议、决定或者法定变更事项发生之日起 30 日内申请办理变更登记。

市场主体登记事项变更涉及分支机构登记事项变更的，应当自市场主体登记事项变更登记之日起 30 日内申请办理分支机构变更登记。

第三十二条 申请办理变更登记，应当提交申请书，并根据市场主体类型及具体变更事项分别提交下列材料：

（一）公司变更事项涉及章程修改的，应当提交修改后的章程或者章程修正案；需要对修改章程作出决议决定的，还应当提交相关决议决定；

（二）合伙企业应当提交全体合伙人或者合伙协议约定的人员签署的变更决定书；变更事项涉及修改合伙协议的，应当提交由全体合伙人签署或者合伙协议约定的人员签署修改或者补充的合伙协议；

（三）农民专业合作社（联合社）应当提交成员大会或者成员代表大会作出的变更决议；变更事项涉及章程修改的应当提交修改后的章程或者章程修正案。

第三十三条 市场主体更换法定代表人、执行事务合伙人（含委派代表）、负责人的变更登记申请由新任法定代表人、执行事务合伙人（含委派代表）、负责人签署。

第三十四条 市场主体变更名称，可以自主申报名称并在保留期届满前申请变更登记，也可以直接申请变更登记。

第三十五条 市场主体变更住所（主要经营场所、经营场所），应当在迁入新住所（主要经营场所、经营场所）前向迁入地登记机关申请变更登记，并提交新的住所（主要经营场所、经营场所）使用相关文件。

第三十六条 市场主体变更注册资本或者出资额的，应当办理变更登记。

公司增加注册资本，有限责任公司股东认缴新增资本的出资和股份有限公司的股东认购新股的，应当按照设立时缴纳出资和缴纳股款的规定执行。股份有限公司以公开发行新股方式或者上市公司以非公开发行新股方式增加注册资本，还应当提交国务院证券监督管理机构的核准或者注册文件。

公司减少注册资本，可以通过国家企业信用信息公示系统公告，公告期45日，应当于公告期届满后申请变更登记。法律、行政法规或者国务院决定对公司注册资本有最低限额规定的，减少后的注册资本应当不少于最低限额。

外商投资企业注册资本（出资额）币种发生变更，应当向登记机关申请变更登记。

第三十七条 公司变更类型，应当按照拟变更公司类型的设立条件，在规定的期限内申请变更登记，并提交有关材料。

非公司企业法人申请改制为公司，应当按照拟变更的公司类型设立条件，在规定期限内申请变更登记，并提交有关材料。

个体工商户申请转变为企业组织形式，应当按照拟变更的企业类型设立条件申请登记。

第三十八条 个体工商户变更经营者，应当在办理注销登记后，由新的经营者重新申请办理登记。双方经营者同时申请办理的，登记机关可以合并办理。

第三十九条 市场主体变更备案事项的，应当按照《条例》第二十九条规定办理备案。

农民专业合作社因成员发生变更，农民成员低于法定比例的，应当自事由发生之日起6个月内采取吸收新的农民成员入社等方式使农民成员达到法定比例。农民专业合作社联合社成员退社，成员数低于联合社设立法定条件的，应当自事由发生之日起6个月内采取吸收新的成员入社等方式使农民专业合作社联合社成员达到法定条件。

第六章　歇　　业

第四十条 因自然灾害、事故灾难、公共卫生事件、社会安全事件等原因造成经营困难的，市场主体可以自主决定在一定时期内歇业。法律、行政法规另有规定的除外。

第四十一条 市场主体决定歇业，应当在歇业前向登记机关办理备案。登记机关通过国家企业信用信息公示系统向社会公示歇业期限、法律文书送达地址等信息。

以法律文书送达地址代替住所（主要经营场所、经营场所）的，应当提交法律文书送达地址确认书。

市场主体延长歇业期限，应当于期限届满前30日内按规定办理。

第四十二条 市场主体办理歇业备案后，自主决定开展或者已实际开展经营活动的，应当于 30 日内在国家企业信用信息公示系统上公示终止歇业。

市场主体恢复营业时，登记、备案事项发生变化的，应当及时办理变更登记或者备案。以法律文书送达地址代替住所（主要经营场所、经营场所）的，应当及时办理住所（主要经营场所、经营场所）变更登记。

市场主体备案的歇业期限届满，或者累计歇业满 3 年，视为自动恢复经营，决定不再经营的，应当及时办理注销登记。

第四十三条　歇业期间，市场主体以法律文书送达地址代替原登记的住所（主要经营场所、经营场所）的，不改变歇业市场主体的登记管辖。

第七章　注销登记

第四十四条　市场主体因解散、被宣告破产或者其他法定事由需要终止的，应当依法向登记机关申请注销登记。依法需要清算的，应当自清算结束之日起 30 日内申请注销登记。依法不需要清算的，应当自决定作出之日起 30 日内申请注销登记。市场主体申请注销后，不得从事与注销无关的生产经营活动。自登记机关予以注销登记之日起，市场主体终止。

第四十五条　市场主体注销登记前依法应当清算的，清算组应当自成立之日起 10 日内将清算组成员、清算组负责人名单通过国家企业信用信息公示系统公告。清算组可以通过国家企业信用信息公示系统发布债权人公告。

第四十六条　申请办理注销登记，应当提交下列材料：

（一）申请书；

（二）依法作出解散、注销的决议或者决定，或者被行政机关吊销营业执照、责令关闭、撤销的文件；

（三）清算报告、负责清理债权债务的文件或者清理债务完结的证明；

（四）税务部门出具的清税证明。

除前款规定外，人民法院指定清算人、破产管理人进行清算的，应当提交人民法院指定证明；合伙企业分支机构申请注销登记，还应当提交全体合伙人签署的注销分支机构决定书。

个体工商户申请注销登记的，无需提交第二项、第三项材料；因合并、分立而申请市场主体注销登记的，无需提交第三项材料。

第四十七条 申请办理简易注销登记，应当提交申请书和全体投资人承诺书。

第四十八条 有下列情形之一的，市场主体不得申请办理简易注销登记：

（一）在经营异常名录或者市场监督管理严重违法失信名单中的；

（二）存在股权（财产份额）被冻结、出质或者动产抵押，或者对其他市场主体存在投资的；

（三）正在被立案调查或者采取行政强制措施，正在诉讼或者仲裁程序中的；

（四）被吊销营业执照、责令关闭、撤销的；

（五）受到罚款等行政处罚尚未执行完毕的；

（六）不符合《条例》第三十三条规定的其他情形。

第四十九条 申请办理简易注销登记，市场主体应当将承诺书及注销登记申请通过国家企业信用信息公示系统公示，公示期为20日。

在公示期内无相关部门、债权人及其他利害关系人提出异议的，市场主体可以于公示期届满之日起20日内向登记机关申请注销登记。

第八章 撤销登记

第五十条 对涉嫌提交虚假材料或者采取其他欺诈手段隐瞒重

要事实取得市场主体登记的行为,登记机关可以根据当事人申请或者依职权主动进行调查。

第五十一条 受虚假登记影响的自然人、法人和其他组织,可以向登记机关提出撤销市场主体登记申请。涉嫌冒用自然人身份的虚假登记,被冒用人应当配合登记机关通过线上或者线下途径核验身份信息。

涉嫌虚假登记市场主体的登记机关发生变更的,由现登记机关负责处理撤销登记,原登记机关应当协助进行调查。

第五十二条 登记机关收到申请后,应当在3个工作日内作出是否受理的决定,并书面通知申请人。

有下列情形之一的,登记机关可以不予受理:

(一)涉嫌冒用自然人身份的虚假登记,被冒用人未能通过身份信息核验的;

(二)涉嫌虚假登记的市场主体已注销的,申请撤销注销登记的除外;

(三)其他依法不予受理的情形。

第五十三条 登记机关受理申请后,应当于3个月内完成调查,并及时作出撤销或者不予撤销市场主体登记的决定。情形复杂的,经登记机关负责人批准,可以延长3个月。

在调查期间,相关市场主体和人员无法联系或者拒不配合的,登记机关可以将涉嫌虚假登记市场主体的登记时间、登记事项,以及登记机关联系方式等信息通过国家企业信用信息公示系统向社会公示,公示期45日。相关市场主体及其利害关系人在公示期内没有提出异议的,登记机关可以撤销市场主体登记。

第五十四条 有下列情形之一的,经当事人或者其他利害关系人申请,登记机关可以中止调查:

(一)有证据证明与涉嫌虚假登记相关的民事权利存在争议的;

(二)涉嫌虚假登记的市场主体正在诉讼或者仲裁程序中的;

(三)登记机关收到有关部门出具的书面意见,证明涉嫌虚假登记的市场主体或者其法定代表人、负责人存在违法案件尚未结案，或者尚未履行相关法定义务的。

第五十五条 有下列情形之一的，登记机关可以不予撤销市场主体登记：

（一）撤销市场主体登记可能对社会公共利益造成重大损害；

（二）撤销市场主体登记后无法恢复到登记前的状态；

（三）法律、行政法规规定的其他情形。

第五十六条 登记机关作出撤销登记决定后，应当通过国家企业信用信息公示系统向社会公示。

第五十七条 同一登记包含多个登记事项，其中部分登记事项被认定为虚假，撤销虚假的登记事项不影响市场主体存续的，登记机关可以仅撤销虚假的登记事项。

第五十八条 撤销市场主体备案事项的，参照本章规定执行。

第九章 档案管理

第五十九条 登记机关应当负责建立市场主体登记管理档案，对在登记、备案过程中形成的具有保存价值的文件依法分类，有序收集管理，推动档案电子化、影像化，提供市场主体登记管理档案查询服务。

第六十条 申请查询市场主体登记管理档案，应当按照下列要求提交材料：

（一）公安机关、国家安全机关、检察机关、审判机关、纪检监察机关、审计机关等国家机关进行查询，应当出具本部门公函及查询人员的有效证件；

（二）市场主体查询自身登记管理档案，应当出具授权委托书及查询人员的有效证件；

（三）律师查询与承办法律事务有关市场主体登记管理档案，应当出具执业证书、律师事务所证明以及相关承诺书。

除前款规定情形外，省级以上市场监督管理部门可以结合工作实际，依法对档案查询范围以及提交材料作出规定。

第六十一条 登记管理档案查询内容涉及国家秘密、商业秘密、个人信息的，应当按照有关法律法规规定办理。

第六十二条 市场主体发生住所（主要经营场所、经营场所）迁移的，登记机关应当于3个月内将所有登记管理档案移交迁入地登记机关管理。档案迁出、迁入应当记录备案。

第十章 监督管理

第六十三条 市场主体应当于每年1月1日至6月30日，通过国家企业信用信息公示系统报送上一年度年度报告，并向社会公示。

个体工商户可以通过纸质方式报送年度报告，并自主选择年度报告内容是否向社会公示。

歇业的市场主体应当按时公示年度报告。

第六十四条 市场主体应当将营业执照（含电子营业执照）置于住所（主要经营场所、经营场所）的醒目位置。

从事电子商务经营的市场主体应当在其首页显著位置持续公示营业执照信息或者其链接标识。

营业执照记载的信息发生变更时，市场主体应当于15日内完成对应信息的更新公示。市场主体被吊销营业执照的，登记机关应当将吊销情况标注于电子营业执照中。

第六十五条 登记机关应当对登记注册、行政许可、日常监管、行政执法中的相关信息进行归集，根据市场主体的信用风险状况实施分级分类监管，并强化信用风险分类结果的综合应用。

第六十六条 登记机关应当随机抽取检查对象、随机选派执法检查人员，对市场主体的登记备案事项、公示信息情况等进行抽查，并将抽查检查结果通过国家企业信用信息公示系统向社会公示。必要时可以委托会计师事务所、税务师事务所、律师事务所等专业机构开展审计、验资、咨询等相关工作，依法使用其他政府部门作出的检查、核查结果或者专业机构作出的专业结论。

第六十七条　市场主体被撤销设立登记、吊销营业执照、责令关闭，6个月内未办理清算组公告或者未申请注销登记的，登记机关可以在国家企业信用信息公示系统上对其作出特别标注并予以公示。

第十一章　法律责任

第六十八条　未经设立登记从事一般经营活动的，由登记机关责令改正，没收违法所得；拒不改正的，处1万元以上10万元以下的罚款；情节严重的，依法责令关闭停业，并处10万元以上50万元以下的罚款。

第六十九条　未经设立登记从事许可经营活动或者未依法取得许可从事经营活动的，由法律、法规或者国务院决定规定的部门予以查处；法律、法规或者国务院决定没有规定或者规定不明确的，由省、自治区、直辖市人民政府确定的部门予以查处。

第七十条　市场主体未按照法律、行政法规规定的期限公示或者报送年度报告的，由登记机关列入经营异常名录，可以处1万元以下的罚款。

第七十一条　提交虚假材料或者采取其他欺诈手段隐瞒重要事实取得市场主体登记的，由登记机关依法责令改正，没收违法所得，并处5万元以上20万元以下的罚款；情节严重的，处20万元以上100万元以下的罚款，吊销营业执照。

明知或者应当知道申请人提交虚假材料或者采取其他欺诈手段隐瞒重要事实进行市场主体登记，仍接受委托代为办理，或者协助其进行虚假登记的，由登记机关没收违法所得，处10万元以下的罚款。

虚假市场主体登记的直接责任人自市场主体登记被撤销之日起3年内不得再次申请市场主体登记。登记机关应当通过国家企业信用信息公示系统予以公示。

第七十二条　市场主体未按规定办理变更登记的，由登记机关责令改正；拒不改正的，处1万元以上10万元以下的罚款；情节严重的，吊销营业执照。

第七十三条　市场主体未按规定办理备案的，由登记机关责令改正；拒不改正的，处5万元以下的罚款。

依法应当办理受益所有人信息备案的市场主体，未办理备案的，按照前款规定处理。

第七十四条　市场主体未按照本实施细则第四十二条规定公示终止歇业的，由登记机关责令改正；拒不改正的，处3万元以下的罚款。

第七十五条　市场主体未按规定将营业执照置于住所（主要经营场所、经营场所）醒目位置的，由登记机关责令改正；拒不改正的，处3万元以下的罚款。

电子商务经营者未在首页显著位置持续公示营业执照信息或者相关链接标识的，由登记机关依照《中华人民共和国电子商务法》处罚。

市场主体伪造、涂改、出租、出借、转让营业执照的，由登记机关没收违法所得，处10万元以下的罚款；情节严重的，处10万元以上50万元以下的罚款，吊销营业执照。

第七十六条　利用市场主体登记，牟取非法利益，扰乱市场秩序，危害国家安全、社会公共利益的，法律、行政法规有规定的，依照其规定；法律、行政法规没有规定的，由登记机关处10万元以下的罚款。

第七十七条　违反本实施细则规定，登记机关确定罚款幅度时，应当综合考虑市场主体的类型、规模、违法情节等因素。

情节轻微并及时改正，没有造成危害后果的，依法不予行政处罚。初次违法且危害后果轻微并及时改正的，可以不予行政处罚。当事人有证据足以证明没有主观过错的，不予行政处罚。

第十二章　附　　则

第七十八条　本实施细则所指申请人，包括设立登记时的申请人、依法设立后的市场主体。

第七十九条　人民法院办理案件需要登记机关协助执行的，登记机关应当按照人民法院的生效法律文书和协助执行通知书，在法定职责范围内办理协助执行事项。

第八十条　国家市场监督管理总局根据法律、行政法规、国务院决定及本实施细则，制定登记注册前置审批目录、登记材料和文书格式。

第八十一条　法律、行政法规或者国务院决定对登记管理另有规定的，从其规定。

第八十二条　本实施细则自公布之日起施行。1988年11月3日原国家工商行政管理局令第1号公布的《中华人民共和国企业法人登记管理条例施行细则》，2000年1月13日原国家工商行政管理局令第94号公布的《个人独资企业登记管理办法》，2011年9月30日原国家工商行政管理总局令第56号公布的《个体工商户登记管理办法》，2014年2月20日原国家工商行政管理总局令第64号公布的《公司注册资本登记管理规定》，2015年8月27日原国家工商行政管理总局令第76号公布的《企业经营范围登记管理规定》同时废止。

企业名称登记管理规定

(1991年5月6日国务院批准 1991年7月22日国家工商行政管理局令第7号发布 根据2012年11月9日《国务院关于修改和废止部分行政法规的决定》修订 2020年12月14日国务院第118次常务会议修订通过 2020年12月28日中华人民共和国国务院令第734号公布 自2021年3月1日起施行)

第一条 为了规范企业名称登记管理,保护企业的合法权益,维护社会经济秩序,优化营商环境,制定本规定。

第二条 县级以上人民政府市场监督管理部门(以下统称企业登记机关)负责中国境内设立企业的企业名称登记管理。

国务院市场监督管理部门主管全国企业名称登记管理工作,负责制定企业名称登记管理的具体规范。

省、自治区、直辖市人民政府市场监督管理部门负责建立本行政区域统一的企业名称申报系统和企业名称数据库,并向社会开放。

第三条 企业登记机关应当不断提升企业名称登记管理规范化、便利化水平,为企业和群众提供高效、便捷的服务。

第四条 企业只能登记一个企业名称,企业名称受法律保护。

第五条 企业名称应当使用规范汉字。民族自治地方的企业名称可以同时使用本民族自治地方通用的民族文字。

第六条 企业名称由行政区划名称、字号、行业或者经营特点、组织形式组成。跨省、自治区、直辖市经营的企业,其名称可以不含行政区划名称;跨行业综合经营的企业,其名称可以不含行业或者经营特点。

第七条 企业名称中的行政区划名称应当是企业所在地的县级

以上地方行政区划名称。市辖区名称在企业名称中使用时应当同时冠以其所属的设区的市的行政区划名称。开发区、垦区等区域名称在企业名称中使用时应当与行政区划名称连用，不得单独使用。

第八条 企业名称中的字号应当由两个以上汉字组成。

县级以上地方行政区划名称、行业或者经营特点不得作为字号，另有含义的除外。

第九条 企业名称中的行业或者经营特点应当根据企业的主营业务和国民经济行业分类标准标明。国民经济行业分类标准中没有规定的，可以参照行业习惯或者专业文献等表述。

第十条 企业应当根据其组织结构或者责任形式，依法在企业名称中标明组织形式。

第十一条 企业名称不得有下列情形：

（一）损害国家尊严或者利益；

（二）损害社会公共利益或者妨碍社会公共秩序；

（三）使用或者变相使用政党、党政军机关、群团组织名称及其简称、特定称谓和部队番号；

（四）使用外国国家（地区）、国际组织名称及其通用简称、特定称谓；

（五）含有淫秽、色情、赌博、迷信、恐怖、暴力的内容；

（六）含有民族、种族、宗教、性别歧视的内容；

（七）违背公序良俗或者可能有其他不良影响；

（八）可能使公众受骗或者产生误解；

（九）法律、行政法规以及国家规定禁止的其他情形。

第十二条 企业名称冠以"中国"、"中华"、"中央"、"全国"、"国家"等字词，应当按照有关规定从严审核，并报国务院批准。国务院市场监督管理部门负责制定具体管理办法。

企业名称中间含有"中国"、"中华"、"全国"、"国家"等字词的，该字词应当是行业限定语。

使用外国投资者字号的外商独资或者控股的外商投资企业，企业名称中可以含有"（中国）"字样。

第十三条　企业分支机构名称应当冠以其所从属企业的名称，并缀以"分公司"、"分厂"、"分店"等字词。境外企业分支机构还应当在名称中标明该企业的国籍及责任形式。

第十四条　企业集团名称应当与控股企业名称的行政区划名称、字号、行业或者经营特点一致。控股企业可以在其名称的组织形式之前使用"集团"或者"（集团）"字样。

第十五条　有投资关系或者经过授权的企业，其名称中可以含有另一个企业的名称或者其他法人、非法人组织的名称。

第十六条　企业名称由申请人自主申报。

申请人可以通过企业名称申报系统或者在企业登记机关服务窗口提交有关信息和材料，对拟定的企业名称进行查询、比对和筛选，选取符合本规定要求的企业名称。

申请人提交的信息和材料应当真实、准确、完整，并承诺因其企业名称与他人企业名称近似侵犯他人合法权益的，依法承担法律责任。

第十七条　在同一企业登记机关，申请人拟定的企业名称中的字号不得与下列同行业或者不使用行业、经营特点表述的企业名称中的字号相同：

（一）已经登记或者在保留期内的企业名称，有投资关系的除外；

（二）已经注销或者变更登记未满1年的原企业名称，有投资关系或者受让企业名称的除外；

（三）被撤销设立登记或者被撤销变更登记未满1年的原企业名称，有投资关系的除外。

第十八条　企业登记机关对通过企业名称申报系统提交完成的企业名称予以保留，保留期为2个月。设立企业依法应当报经批准或者企业经营范围中有在登记前须经批准的项目的，保留期为1年。

申请人应当在保留期届满前办理企业登记。

第十九条　企业名称转让或者授权他人使用的，相关企业应当依法通过国家企业信用信息公示系统向社会公示。

第二十条 企业登记机关在办理企业登记时，发现企业名称不符合本规定的，不予登记并书面说明理由。

企业登记机关发现已经登记的企业名称不符合本规定的，应当及时纠正。其他单位或者个人认为已经登记的企业名称不符合本规定的，可以请求企业登记机关予以纠正。

第二十一条 企业认为其他企业名称侵犯本企业名称合法权益的，可以向人民法院起诉或者请求为涉嫌侵权企业办理登记的企业登记机关处理。

企业登记机关受理申请后，可以进行调解；调解不成的，企业登记机关应当自受理之日起3个月内作出行政裁决。

第二十二条 利用企业名称实施不正当竞争等行为的，依照有关法律、行政法规的规定处理。

第二十三条 使用企业名称应当遵守法律法规，诚实守信，不得损害他人合法权益。

人民法院或者企业登记机关依法认定企业名称应当停止使用的，企业应当自收到人民法院生效的法律文书或者企业登记机关的处理决定之日起30日内办理企业名称变更登记。名称变更前，由企业登记机关以统一社会信用代码代替其名称。企业逾期未办理变更登记的，企业登记机关将其列入经营异常名录；完成变更登记后，企业登记机关将其移出经营异常名录。

第二十四条 申请人登记或者使用企业名称违反本规定的，依照企业登记相关法律、行政法规的规定予以处罚。

企业登记机关对不符合本规定的企业名称予以登记，或者对符合本规定的企业名称不予登记的，对直接负责的主管人员和其他直接责任人员，依法给予行政处分。

第二十五条 农民专业合作社和个体工商户的名称登记管理，参照本规定执行。

第二十六条 本规定自2021年3月1日起施行。

企业名称登记管理规定实施办法

(2023年8月29日国家市场监督管理总局令第82号公布 自2023年10月1日起施行)

第一章 总 则

第一条 为了规范企业名称登记管理，保护企业的合法权益，维护社会经济秩序，优化营商环境，根据《企业名称登记管理规定》《中华人民共和国市场主体登记管理条例》等有关法律、行政法规，制定本办法。

第二条 本办法适用于在中国境内依法需要办理登记的企业，包括公司、非公司企业法人、合伙企业、个人独资企业和上述企业分支机构，以及外国公司分支机构等。

第三条 企业名称登记管理应当遵循依法合规、规范统一、公开透明、便捷高效的原则。

企业名称的申报和使用应当坚持诚实信用，尊重在先合法权利，避免混淆。

第四条 国家市场监督管理总局主管全国企业名称登记管理工作，负责制定企业名称禁限用规则、相同相近比对规则等企业名称登记管理的具体规范；负责建立、管理和维护全国企业名称规范管理系统和国家市场监督管理总局企业名称申报系统。

第五条 各省、自治区、直辖市人民政府市场监督管理部门（以下统称省级企业登记机关）负责建立、管理和维护本行政区域内的企业名称申报系统，并与全国企业名称规范管理系统、国家市场监督管理总局企业名称申报系统对接。

县级以上地方企业登记机关负责本行政区域内的企业名称登记

管理工作，处理企业名称争议，规范企业名称登记管理秩序。

第六条 国家市场监督管理总局可以根据工作需要，授权省级企业登记机关从事不含行政区划名称的企业名称登记管理工作，提供高质量的企业名称申报服务。

国家市场监督管理总局建立抽查制度，加强对前款工作的监督检查。

第二章 企业名称规范

第七条 企业名称应当使用规范汉字。

企业需将企业名称译成外文使用的，应当依据相关外文翻译原则进行翻译使用，不得违反法律法规规定。

第八条 企业名称一般应当由行政区划名称、字号、行业或者经营特点、组织形式组成，并依次排列。法律、行政法规和本办法另有规定的除外。

第九条 企业名称中的行政区划名称应当是企业所在地的县级以上地方行政区划名称。

根据商业惯例等实际需要，企业名称中的行政区划名称置于字号之后、组织形式之前的，应当加注括号。

第十条 企业名称中的字号应当具有显著性，由两个以上汉字组成，可以是字、词或者其组合。

县级以上地方行政区划名称、行业或者经营特点用语等具有其他含义，且社会公众可以明确识别，不会认为与地名、行业或者经营特点有特定联系的，可以作为字号或者字号的组成部分。

自然人投资人的姓名可以作为字号。

第十一条 企业名称中的行业或者经营特点用语应当根据企业的主营业务和国民经济行业分类标准确定。国民经济行业分类标准中没有规定的，可以参照行业习惯或者专业文献等表述。

企业为表明主营业务的具体特性,将县级以上地方行政区划名称作为企业名称中的行业或者经营特点的组成部分的,应当参照行业习惯或者有专业文献依据。

第十二条 企业应当依法在名称中标明与组织结构或者责任形式一致的组织形式用语,不得使用可能使公众误以为是其他组织形式的字样。

(一)公司应当在名称中标明"有限责任公司"、"有限公司"或者"股份有限公司"、"股份公司"字样;

(二)合伙企业应当在名称中标明"(普通合伙)"、"(特殊普通合伙)"、"(有限合伙)"字样;

(三)个人独资企业应当在名称中标明"(个人独资)"字样。

第十三条 企业分支机构名称应当冠以其所从属企业的名称,缀以"分公司"、"分厂"、"分店"等字词,并在名称中标明该分支机构的行业和所在地行政区划名称或者地名等,其行业或者所在地行政区划名称与所从属企业一致的,可以不再标明。

第十四条 企业名称冠以"中国"、"中华"、"中央"、"全国"、"国家"等字词的,国家市场监督管理总局应当按照法律法规相关规定从严审核,提出审核意见并报国务院批准。

企业名称中间含有"中国"、"中华"、"全国"、"国家"等字词的,该字词应当是行业限定语。

第十五条 外商投资企业名称中含有"(中国)"字样的,其字号应当与企业的外国投资者名称或者字号翻译内容保持一致,并符合法律法规规定。

第十六条 企业名称应当符合《企业名称登记管理规定》第十一条规定,不得存在下列情形:

(一)使用与国家重大战略政策相关的文字,使公众误认为与国家出资、政府信用等有关联关系;

(二)使用"国家级"、"最高级"、"最佳"等带有误导性的文字;

（三）使用与同行业在先有一定影响的他人名称（包括简称、字号等）相同或者近似的文字；

（四）使用明示或者暗示为非营利性组织的文字；

（五）法律、行政法规和本办法禁止的其他情形。

第十七条 已经登记的企业法人控股3家以上企业法人的，可以在企业名称的组织形式之前使用"集团"或者"（集团）"字样。

企业集团名称应当在企业集团母公司办理变更登记时一并提出。

第十八条 企业集团名称应当与企业集团母公司名称的行政区划名称、字号、行业或者经营特点保持一致。

经企业集团母公司授权的子公司、参股公司，其名称可以冠以企业集团名称。

企业集团母公司应当将企业集团名称以及集团成员信息通过国家企业信用信息公示系统向社会公示。

第十九条 已经登记的企业法人，在3个以上省级行政区域内投资设立字号与本企业字号相同且经营1年以上的公司，或者符合法律、行政法规、国家市场监督管理总局规定的其他情形，其名称可以不含行政区划名称。

除有投资关系外，前款企业名称应当同时与企业所在地设区的市级行政区域内已经登记的或者在保留期内的同行业企业名称字号不相同。

第二十条 已经登记的跨5个以上国民经济行业门类综合经营的企业法人，投资设立3个以上与本企业字号相同且经营1年以上的公司，同时各公司的行业或者经营特点分别属于国民经济行业不同门类，其名称可以不含行业或者经营特点。除有投资关系外，该企业名称应当同时与企业所在地同一行政区域内已经登记的或者在保留期内的企业名称字号不相同。

前款企业名称不含行政区划名称的，除有投资关系外，还应当同时与企业所在地省级行政区域内已经登记的或者在保留期内的企业名称字号不相同。

第三章 企业名称自主申报服务

第二十一条 企业名称由申请人自主申报。

申请人可以通过企业名称申报系统或者在企业登记机关服务窗口提交有关信息和材料，包括全体投资人确认的企业名称、住所、投资人名称或者姓名等。申请人应当对提交材料的真实性、合法性和有效性负责。

企业名称申报系统对申请人提交的企业名称进行自动比对，依据企业名称禁限用规则、相同相近比对规则等作出禁限用说明或者风险提示。企业名称不含行政区划名称以及属于《企业名称登记管理规定》第十二条规定情形的，申请人应当同时在国家市场监督管理总局企业名称申报系统和企业名称数据库中进行查询、比对和筛选。

第二十二条 申请人根据查询、比对和筛选的结果，选取符合要求的企业名称，并承诺因其企业名称与他人企业名称近似侵犯他人合法权益的，依法承担法律责任。

第二十三条 申报企业名称，不得有下列行为：

（一）不以自行使用为目的，恶意囤积企业名称，占用名称资源等，损害社会公共利益或者妨碍社会公共秩序；

（二）提交虚假材料或者采取其他欺诈手段进行企业名称自主申报；

（三）故意申报与他人在先具有一定影响的名称（包括简称、字号等）近似的企业名称；

（四）故意申报法律、行政法规和本办法禁止的企业名称。

第二十四条 《企业名称登记管理规定》第十七条所称申请人拟定的企业名称中的字号与同行业或者不使用行业、经营特点表述的企业名称中的字号相同的情形包括：

（一）企业名称中的字号相同，行政区划名称、字号、行业或者经营特点、组织形式的排列顺序不同但文字相同；

（二）企业名称中的字号相同，行政区划名称或者组织形式不同，但行业或者经营特点相同；

（三）企业名称中的字号相同，行业或者经营特点表述不同但实质内容相同。

第二十五条　企业登记机关对通过企业名称申报系统提交完成的企业名称予以保留，保留期为2个月。设立企业依法应当报经批准或者企业经营范围中有在登记前须经批准的项目的，保留期为1年。

企业登记机关可以依申请向申请人出具名称保留告知书。

申请人应当在保留期届满前办理企业登记。保留期内的企业名称不得用于经营活动。

第二十六条　企业登记机关在办理企业登记时，发现保留期内的名称不符合企业名称登记管理相关规定的，不予登记并书面说明理由。

第四章　企业名称使用和监督管理

第二十七条　使用企业名称应当遵守法律法规规定，不得以模仿、混淆等方式侵犯他人在先合法权益。

第二十八条　企业的印章、银行账户等所使用的企业名称，应当与其营业执照上的企业名称相同。

法律文书使用企业名称，应当与该企业营业执照上的企业名称相同。

第二十九条　企业名称可以依法转让。企业名称的转让方与受让方应当签订书面合同，依法向企业登记机关办理企业名称变更登记，并由企业登记机关通过国家企业信用信息公示系统向社会公示企业名称转让信息。

第三十条 企业授权使用企业名称的，不得损害他人合法权益。

企业名称的授权方与使用方应当分别将企业名称授权使用信息通过国家企业信用信息公示系统向社会公示。

第三十一条 企业登记机关发现已经登记的企业名称不符合企业名称登记管理相关规定的，应当依法及时纠正，责令企业变更名称。对不立即变更可能严重损害社会公共利益或者产生不良社会影响的企业名称，经企业登记机关主要负责人批准，可以用统一社会信用代码代替。

上级企业登记机关可以纠正下级企业登记机关已经登记的不符合企业名称登记管理相关规定的企业名称。

其他单位或者个人认为已经登记的企业名称不符合企业名称登记管理相关规定的，可以请求企业登记机关予以纠正。

第三十二条 企业应当自收到企业登记机关的纠正决定之日起30日内办理企业名称变更登记。企业名称变更前，由企业登记机关在国家企业信用信息公示系统和电子营业执照中以统一社会信用代码代替其企业名称。

企业逾期未办理变更登记的，企业登记机关将其列入经营异常名录；完成变更登记后，企业可以依法向企业登记机关申请将其移出经营异常名录。

第三十三条 省级企业登记机关在企业名称登记管理工作中发现下列情形，应当及时向国家市场监督管理总局报告，国家市场监督管理总局根据具体情况进行处理：

（一）发现将损害国家利益、社会公共利益，妨害社会公共秩序，或者有其他不良影响的文字作为名称字号申报，需要将相关字词纳入企业名称禁限用管理的；

（二）发现在全国范围内有一定影响的企业名称（包括简称、字号等）被他人擅自使用，误导公众，需要将该企业名称纳入企业名称禁限用管理的；

（三）发现将其他属于《企业名称登记管理规定》第十一条规定禁止情形的文字作为名称字号申报，需要将相关字词纳入企业名称禁限用管理的；

（四）需要在全国范围内统一争议裁决标准的企业名称争议；

（五）在全国范围内产生重大影响的企业名称登记管理工作；

（六）其他应当报告的情形。

第五章　企业名称争议裁决

第三十四条　企业认为其他企业名称侵犯本企业名称合法权益的，可以向人民法院起诉或者请求为涉嫌侵权企业办理登记的企业登记机关处理。

第三十五条　企业登记机关负责企业名称争议裁决工作，应当根据工作需要依法配备符合条件的裁决人员，为企业名称争议裁决提供保障。

第三十六条　提出企业名称争议申请，应当有具体的请求、事实、理由、法律依据和证据，并提交以下材料：

（一）企业名称争议裁决申请书；

（二）被申请人企业名称侵犯申请人企业名称合法权益的证据材料；

（三）申请人主体资格文件，委托代理的，还应当提交委托书和被委托人主体资格文件或者自然人身份证件；

（四）其他与企业名称争议有关的材料。

第三十七条　企业登记机关应当自收到申请之日起5个工作日内对申请材料进行审查，作出是否受理的决定，并书面通知申请人；对申请材料不符合要求的，应当一次性告知申请人需要补正的全部内容。申请人应当自收到补正通知之日起5个工作日内补正。

第三十八条　有下列情形之一的，企业登记机关依法不予受理并说明理由：

（一）争议不属于本机关管辖；

（二）无明确的争议事实、理由、法律依据和证据；

（三）申请人未在规定时限内补正，或者申请材料经补正后仍不符合要求；

（四）人民法院已经受理申请人的企业名称争议诉讼请求或者作出裁判；

（五）申请人经调解达成协议后，再以相同的理由提出企业名称争议申请；

（六）企业登记机关已经作出不予受理申请决定或者已经作出行政裁决后，同一申请人以相同的事实、理由、法律依据针对同一个企业名称再次提出争议申请；

（七）企业名称争议一方或者双方已经注销；

（八）依法不予受理的其他情形。

第三十九条 企业登记机关应当自决定受理之日起 5 个工作日内将申请书和相关证据材料副本随同答辩告知书发送被申请人。

被申请人应当自收到上述材料之日起 10 个工作日内提交答辩书和相关证据材料。

企业登记机关应当自收到被申请人提交的材料之日起 5 个工作日内将其发送给申请人。

被申请人逾期未提交答辩书和相关证据材料的，不影响企业登记机关的裁决。

第四十条 经双方当事人同意，企业登记机关可以对企业名称争议进行调解。

调解达成协议的，企业登记机关应当制作调解书，当事人应当履行。调解不成的，企业登记机关应当自受理之日起 3 个月内作出行政裁决。

第四十一条 企业登记机关对企业名称争议进行审查时，依法综合考虑以下因素：

（一）争议双方企业的主营业务；

（二）争议双方企业名称的显著性、独创性；

（三）争议双方企业名称的持续使用时间以及相关公众知悉程度；

（四）争议双方在进行企业名称申报时作出的依法承担法律责任的承诺；

（五）争议企业名称是否造成相关公众的混淆误认；

（六）争议企业名称是否利用或者损害他人商誉；

（七）企业登记机关认为应当考虑的其他因素。

企业登记机关必要时可以向有关组织和人员调查了解情况。

第四十二条 企业登记机关经审查，认为当事人构成侵犯他人企业名称合法权益的，应当制作企业名称争议行政裁决书，送达双方当事人，并责令侵权人停止使用被争议企业名称；争议理由不成立的，依法驳回争议申请。

第四十三条 企业被裁决停止使用企业名称的，应当自收到争议裁决之日起30日内办理企业名称变更登记。企业名称变更前，由企业登记机关在国家企业信用信息公示系统和电子营业执照中以统一社会信用代码代替其企业名称。

企业逾期未办理变更登记的，企业登记机关将其列入经营异常名录；完成变更登记后，企业可以依法向企业登记机关申请将其移出经营异常名录。

第四十四条 争议企业名称权利的确定必须以人民法院正在审理或者行政机关正在处理的其他案件结果为依据的，应当中止审查，并告知争议双方。

在企业名称争议裁决期间，就争议企业名称发生诉讼的，当事人应当及时告知企业登记机关。

在企业名称争议裁决期间，企业名称争议一方或者双方注销，或者存在法律法规规定的其他情形的，企业登记机关应当作出终止裁决的决定。

第四十五条 争议裁决作出前,申请人可以书面向企业登记机关要求撤回申请并说明理由。企业登记机关认为可以撤回的,终止争议审查程序,并告知争议双方。

第四十六条 对于事实清楚、争议不大、案情简单的企业名称争议,企业登记机关可以依照有关规定适用简易裁决程序。

第四十七条 当事人对企业名称争议裁决不服的,可以依法申请行政复议或者向人民法院提起诉讼。

第六章 法律责任

第四十八条 申报企业名称,违反本办法第二十三条第(一)、(二)项规定的,由企业登记机关责令改正;拒不改正的,处1万元以上10万元以下的罚款。法律、行政法规另有规定的,依照其规定。

申报企业名称,违反本办法第二十三条第(三)、(四)项规定,严重扰乱企业名称登记管理秩序,产生不良社会影响的,由企业登记机关处1万元以上10万元以下的罚款。

第四十九条 利用企业名称实施不正当竞争等行为的,依照有关法律、行政法规的规定处理。

违反本办法规定,使用企业名称,损害他人合法权益,企业逾期未依法办理变更登记的,由企业登记机关依照《中华人民共和国市场主体登记管理条例》第四十六条规定予以处罚。

第五十条 企业登记机关应当健全内部监督制度,对从事企业名称登记管理工作的人员执行法律法规和遵守纪律的情况加强监督。

从事企业名称登记管理工作的人员应当依法履职,廉洁自律,不得从事相关代理业务或者违反规定从事、参与营利性活动。

企业登记机关对不符合规定的企业名称予以登记,或者对符合规定的企业名称不予登记的,对直接负责的主管人员和其他直接责任人员，依法给予行政处分。

第五十一条　从事企业名称登记管理工作的人员滥用职权、玩忽职守、徇私舞弊，牟取不正当利益的，应当依照有关规定将相关线索移送纪检监察机关处理；构成犯罪的，依法追究刑事责任。

第七章　附　　则

第五十二条　本办法所称的企业集团，由其母公司、子公司、参股公司以及其他成员单位组成。母公司是依法登记注册，取得企业法人资格的控股企业；子公司是母公司拥有全部股权或者控股权的企业法人；参股公司是母公司拥有部分股权但是没有控股权的企业法人。

第五十三条　个体工商户和农民专业合作社的名称登记管理，参照本办法执行。

个体工商户使用名称的，应当在名称中标明"（个体工商户）"字样，其名称中的行政区划名称应当是其所在地县级行政区划名称，可以缀以个体工商户所在地的乡镇、街道或者行政村、社区、市场等名称。

农民专业合作社（联合社）应当在名称中标明"专业合作社"或者"专业合作社联合社"字样。

第五十四条　省级企业登记机关可以根据本行政区域实际情况，按照本办法对本行政区域内企业、个体工商户、农民专业合作社的违规名称纠正、名称争议裁决等名称登记管理工作制定实施细则。

第五十五条　本办法自2023年10月1日起施行。2004年6月14日原国家工商行政管理总局令第10号公布的《企业名称登记管理实施办法》、2008年12月31日原国家工商行政管理总局令第38号公布的《个体工商户名称登记管理办法》同时废止。

有限合伙企业国有权益登记暂行规定

(2020年1月3日 国资发产权规〔2020〕2号)

第一条 为加强有限合伙企业国有权益登记管理，及时、准确、全面反映有限合伙企业国有权益状况，根据《中华人民共和国企业国有资产法》《中华人民共和国合伙企业法》《企业国有资产监督管理暂行条例》（国务院令第378号）等有关法律法规，制定本规定。

第二条 本规定所称有限合伙企业国有权益登记，是指国有资产监督管理机构对本级人民政府授权履行出资人职责的国家出资企业（不含国有资本参股公司，下同）及其拥有实际控制权的各级子企业（以下统称出资企业）对有限合伙企业出资所形成的权益及其分布状况进行登记的行为。

前款所称拥有实际控制权，是指国家出资企业直接或间接合计持股比例超过50%，或者持股比例虽然未超过50%，但为第一大股东，并通过股东协议、公司章程、董事会决议或者其他协议安排能够实际支配企业行为的情形。

第三条 有限合伙企业国有权益登记分为占有登记、变动登记和注销登记。

第四条 出资企业通过出资入伙、受让等方式首次取得有限合伙企业财产份额的，应当办理占有登记。

第五条 占有登记包括下列内容：

（一）企业名称；

（二）成立日期、合伙期限（如有）、主要经营场所；

（三）执行事务合伙人；

（四）经营范围；

（五）认缴出资额与实缴出资额；

（六）合伙人名称、类型、类别、出资方式、认缴出资额、认缴出资比例、实缴出资额、缴付期限；

（七）对外投资情况（如有），包括投资标的名称、统一信用编码、所属行业、投资额、投资比例等；

（八）合伙协议；

（九）其他需登记的内容。

第六条 有限合伙企业有下列情形之一的，应当办理变动登记：

（一）企业名称改变的；

（二）主要经营场所改变的；

（三）执行事务合伙人改变的；

（四）经营范围改变的；

（五）认缴出资额改变的；

（六）合伙人的名称、类型、类别、出资方式、认缴出资额、认缴出资比例改变的；

（七）其他应当办理变动登记的情形。

第七条 有限合伙企业有下列情形之一的，应当办理注销登记：

（一）解散、清算并注销的；

（二）因出资企业转让财产份额、退伙或出资企业性质改变等导致有限合伙企业不再符合第二条登记要求的。

第八条 出资企业负责填报其对有限合伙企业出资所形成权益的相关情况，并按照出资关系逐级报送国家出资企业；国家出资企业对相关信息进行审核确认后完成登记，并向国有资产监督管理机构报送相关信息。多个出资企业共同出资的有限合伙企业，由各出资企业分别进行登记。

第九条 有限合伙企业国有权益登记应当在相关情形发生后 30 个工作日内办理。出资企业应当于每年 1 月 31 日前更新上一年度所出资有限合伙企业的实缴出资情况及对外投资情况等信息。

第十条 国家出资企业应当建立有限合伙企业国有权益登记工作流程，落实登记管理责任，做好档案管理、登记数据汇总等工作。

第十一条 国有资产监督管理机构定期对有限合伙企业国有权益登记情况进行核对，发现企业未按照本规定进行登记或登记信息与实际情形严重不符的，责令改正。

第十二条 各地方国有资产监督管理机构可以依据本规定制定本地区的具体规定。

第十三条 本规定自印发之日起施行。

国务院关于个人独资企业和合伙企业征收所得税问题的通知

（2000年6月20日　国发〔2000〕16号）

各省、自治区、直辖市人民政府，国务院各部委、各直属机构：

为公平税负，支持和鼓励个人投资兴办企业，促进国民经济持续、快速、健康发展，国务院决定，自2000年1月1日起，对个人独资企业和合伙企业停止征收企业所得税，其投资者的生产经营所得，比照个体工商户的生产、经营所得征收个人所得税。具体税收政策和征税办法由国家财税主管部门另行制定。

财政部、国家税务总局关于个人独资企业和合伙企业投资者征收个人所得税的规定

（2000年9月19日　财税〔2000〕91号）

第一条 为了贯彻落实《国务院关于个人独资企业和合伙企业征收所得税问题的通知》精神，根据《中华人民共和国个人所得税法》及其实施条例、《中华人民共和国税收征收管理法》及其实施细

则的有关规定，特制定本规定。

第二条 本规定所称个人独资企业和合伙企业是指：

（一）依照《中华人民共和国个人独资企业法》和《中华人民共和国合伙企业法》登记成立的个人独资企业、合伙企业；

（二）依照《中华人民共和国私营企业暂行条例》登记成立的独资、合伙性质的私营企业；

（三）依照《中华人民共和国律师法》登记成立的合伙制律师事务所；

（四）经政府有关部门依照法律法规批准成立的负无限责任和无限连带责任的其他个人独资、个人合伙性质的机构或组织。

第三条 个人独资企业以投资者为纳税义务人，合伙企业以每一个合伙人为纳税义务人（以下简称投资者）。

第四条 个人独资企业和合伙企业（以下简称企业）每一纳税年度的收入总额减除成本、费用以及损失后的余额，作为投资者个人的生产经营所得，比照个人所得税法的"个体工商户的生产经营所得"应税项目，适用5%~35%的五级超额累进税率，计算征收个人所得税。

前款所称收入总额，是指企业从事生产经营以及与生产经营有关的活动所取得的各项收入，包括商品（产品）销售收入、营运收入、劳务服务收入、工程价款收入、财产出租或转让收入、利息收入、其他业务收入和营业外收入。

第五条 个人独资企业的投资者以全部生产经营所得为应纳税所得额；合伙企业的投资者按照合伙企业的全部生产经营所得和合伙协议约定的分配比例确定应纳税所得额，合伙协议没有约定分配比例的，以全部生产经营所得和合伙人数量平均计算每个投资者的应纳税所得额。

前款所称生产经营所得，包括企业分配给投资者个人的所得和企业当年留存的所得（利润）。

第六条[①] 凡实行查账征税办法的,生产经营所得比照《个体工商户个人所得税计税办法(试行)》(国税发〔1997〕43号)的规定确定。但下列项目的扣除依照本办法的规定执行:

(一)投资者的费用扣除标准,由各省、自治区、直辖市地方税务局参照个人所得税法"工资、薪金所得"项目的费用扣除标准确定。投资者的工资不得在税前扣除。

(二)企业从业人员的工资支出按标准在税前扣除,具体标准由各省、自治区、直辖市地方税务局参照企业所得税计税工资标准确定。

(三)投资者及其家庭发生的生活费用不允许在税前扣除。投资者及其家庭发生的生活费用与企业生产经营费用混合在一起,并且难以划分的,全部视为投资者个人及其家庭发生的生活费用,不允许在税前扣除。

(四)企业生产经营和投资者及其家庭生活共用的固定资产,难以划分的,由主管税务机关根据企业的生产经营类型、规模等具体情况,核定准予在税前扣除的折旧费用的数额或比例。

(五)企业实际发生的工会经费、职工福利费、职工教育经费分别在其计税工资总额的2%、14%、1.5%的标准内据实扣除。

(六)企业每一纳税年度发生的广告和业务宣传费用不超过当年销售(营业)收入2%的部分,可据实扣除;超过部分可无限期向以后纳税年度结转。

(七)企业每一纳税年度发生的与其生产经营业务直接相关的业务招待费,在以下规定比例范围内,可据实扣除:全年销售(营业)收入净额在1500万元及其以下的,不超过销售(营业)收入净额的5‰;全年销售(营业)收入净额超过1500万元的,不超过该部分的3‰。

[①] 本条第(一)、(二)、(五)、(六)、(七)项已被财税〔2008〕65号修改,具体参考本书第106-107页内容。

（八）企业计提的各种准备金不得扣除。

第七条 有下列情形之一的，主管税务机关应采取核定征收方式征收个人所得税：

（一）企业依照国家有关规定应当设置但未设置账簿的；

（二）企业虽设置账簿，但账目混乱或者成本资料、收入凭证、费用凭证残缺不全，难以查账的；

（三）纳税人发生纳税义务，未按照规定的期限办理纳税申报，经税务机关责令限期申报，逾期仍不申报的。

第八条 第七条所说核定征收方式，包括定额征收、核定应税所得率征收以及其他合理的征收方式。

第九条 实行核定应税所得率征收方式的，应纳所得税额的计算公式如下：

应纳所得税额＝应纳税所得额×适用税率

应纳税所得额＝收入总额×应税所得率

或　　　　＝成本费用支出额÷（1－应税所得率）×应税所得率

应税所得率应按下表规定的标准执行：

应税所得率表

行　　业	应税所得率（%）
工业、交通运输业、商业	5～20
建筑业、房地产开发业	7～20
饮食服务业	7～25
娱乐业	20～40
其他行业	10～30

企业经营多业的，无论其经营项目是否单独核算，均应根据其主营项目确定其适用的应税所得率。

第十条 实行核定征税的投资者，不能享受个人所得税的优惠政策。

第十一条 企业与其关联企业之间的业务往来，应当按照独立企业之间的业务往来收取或者支付价款、费用。不按照独立企业之间的业务往来收取或者支付价款、费用，而减少其应纳税所得额的，主管税务机关有权进行合理调整。

前款所称关联企业，其认定条件及税务机关调整其价款、费用的方法，按照《中华人民共和国税收征收管理法》及其实施细则的有关规定执行。

第十二条 投资者兴办两个或两个以上企业的（包括参与兴办，下同），年度终了时，应汇总从所有企业取得的应纳税所得额，据此确定适用税率并计算缴纳应纳税款。

第十三条 投资者兴办两个或两个以上企业的，根据本规定第六条第一款规定准予扣除的个人费用，由投资者选择在其中一个企业的生产经营所得中扣除。

第十四条 企业的年度亏损，允许用本企业下一年度的生产经营所得弥补，下一年度所得不足弥补的，允许逐年延续弥补，但最长不得超过5年。

投资者兴办两个或两个以上企业的，企业的年度经营亏损不能跨企业弥补。

第十五条 投资者来源于中国境外的生产经营所得，已在境外缴纳所得税的，可以按照个人所得税法的有关规定计算扣除已在境外缴纳的所得税。

第十六条 企业进行清算时，投资者应当在注销工商登记之前，向主管税务机关结清有关税务事宜。企业的清算所得应当视为年度生产经营所得，由投资者依法缴纳个人所得税。

前款所称清算所得，是指企业清算时的全部资产或者财产的公允价值扣除各项清算费用、损失、负债、以前年度留存的利润后，超过实缴资本的部分。

第十七条 投资者应纳的个人所得税税款，按年计算，分月或者分季预缴,由投资者在每月或者每季度终了后7日内预缴,年度终了后3个月内汇算清缴,多退少补。

第十八条 企业在年度中间合并、分立、终止时,投资者应当在停止生产经营之日起60日内,向主管税务机关办理当期个人所得税汇算清缴。

第十九条 企业在纳税年度的中间开业,或者由于合并、关闭等原因,使该纳税年度的实际经营期不足12个月的,应当以其实际经营期为一个纳税年度。

第二十条 投资者应向企业实际经营管理所在地主管税务机关申报缴纳个人所得税。投资者从合伙企业取得的生产经营所得,由合伙企业向企业实际经营管理所在地主管税务机关申报缴纳投资者应纳的个人所得税,并将个人所得税申报表抄送投资者。

投资者兴办两个或两个以上企业的,应分别向企业实际经营管理所在地主管税务机关预缴税款。年度终了后办理汇算清缴时,区别不同情况分别处理:

(一)投资者兴办的企业全部是个人独资性质的,分别向各企业的实际经营管理所在地主管税务机关办理年度纳税申报,并依所有企业的经营所得总额确定适用税率,以本企业的经营所得为基础,计算应缴税款,办理汇算清缴;

(二)投资者兴办的企业中含有合伙性质的,投资者应向经常居住地主管税务机关申报纳税,办理汇算清缴,但经常居住地与其兴办企业的经营管理所在地不一致的,应选定其参与兴办的某一合伙企业的经营管理所在地为办理年度汇算清缴所在地,并在5年内不得变更。5年后需要变更的,须经原主管税务机关批准。

第二十一条 投资者在预缴个人所得税时,应向主管税务机关报送《个人独资企业和合伙企业投资者个人所得税申报表》,并附送会计报表。

年度终了后30日内,投资者应向主管税务机关报送《个人独资企业和合伙企业投资者个人所得税申报表》,并附送年度会计决算报表和预缴个人所得税纳税凭证。

投资者兴办两个或两个以上企业的,向企业实际经营管理所在地主管税务机关办理年度纳税申报时,应附注从其他企业取得的年度应纳税所得额;其中含有合伙企业的,应报送汇总从所有企业取得的所得情况的《合伙企业投资者个人所得税汇总申报表》,同时附送所有企业的年度会计决算报表和当年度已缴个人所得税纳税凭证。

第二十二条 投资者的个人所得税征收管理工作由地方税务局负责。

第二十三条 投资者的个人所得税征收管理的其他事项,依照《中华人民共和国税收征收管理法》、《中华人民共和国个人所得税法》的有关规定执行。

第二十四条 本规定由国家税务总局负责解释。各省、自治区、直辖市地方税务局可以根据本规定规定的原则,结合本地实际,制定具体实施办法。

第二十五条 本规定从2000年1月1日起执行。

财政部、国家税务总局关于调整个体工商户个人独资企业和合伙企业个人所得税税前扣除标准有关问题的通知

(2008年6月3日 财税〔2008〕65号)

各省、自治区、直辖市、计划单列市财政厅(局)、地方税务局,西藏、宁夏、青海省(自治区)国家税务局,新疆生产建设兵团财务局:

根据现行个人所得税法及其实施条例和相关政策规定,现将个体工商户、个人独资企业和合伙企业个人所得税税前扣除标准有关

问题通知如下：

一、对个体工商户业主、个人独资企业和合伙企业投资者的生产经营所得依法计征个人所得税时，个体工商户业主、个人独资企业和合伙企业投资者本人的费用扣除标准统一确定为24000元/年（2000元/月）。①

二、个体工商户、个人独资企业和合伙企业向其从业人员实际支付的合理的工资、薪金支出，允许在税前据实扣除。

三、个体工商户、个人独资企业和合伙企业拨缴的工会经费、发生的职工福利费、职工教育经费支出分别在工资薪金总额2%、14%、2.5%的标准内据实扣除。

四、个体工商户、个人独资企业和合伙企业每一纳税年度发生的广告费和业务宣传费用不超过当年销售（营业）收入15%的部分，可据实扣除；超过部分，准予在以后纳税年度结转扣除。

五、个体工商户、个人独资企业和合伙企业每一纳税年度发生的与其生产经营业务直接相关的业务招待费支出，按照发生额的60%扣除，但最高不得超过当年销售（营业）收入的5‰。

六、上述第一条规定自2008年3月1日起执行，第二、三、四、五条规定自2008年1月1日起执行。

七、《国家税务总局关于印发〈个体工商户个人所得税计税办法（试行）〉的通知》（国税发〔1997〕43号）第十三条第一款、第二十九条根据上述规定作相应修改；增加一条作为第三十条："个体工商户拨缴的工会经费、发生的职工福利费、职工教育经费支出分别在工资薪金总额2%、14%、2.5%的标准内据实扣除。"同时对条文的顺序作相应调整。

《财政部 国家税务总局关于印发〈关于个人独资企业和合伙企业投资者征收个人所得税的规定〉的通知》（财税〔2000〕91号）

---

① 本条已停止执行。合伙企业自然人投资者个人所得税减除费用及税率适用2018年8月31日修正的《个人所得税法》相关规定。

附件1第六条第（一）、（二）、（五）、（六）、（七）项根据上述规定作相应修改。

《财政部 国家税务总局关于调整个体工商户业主 个人独资企业和合伙企业投资者个人所得税费用扣除标准的通知》（财税〔2006〕44号）停止执行。

财政部、国家税务总局关于合伙企业合伙人所得税问题的通知

（2008年12月23日　财税〔2008〕159号）

各省、自治区、直辖市、计划单列市财政厅（局）、国家税务局、地方税务局，新疆生产建设兵团财务局：

根据《中华人民共和国企业所得税法》及其实施条例和《中华人民共和国个人所得税法》有关规定，现将合伙企业合伙人的所得税问题通知如下：

一、本通知所称合伙企业是指依照中国法律、行政法规成立的合伙企业。

二、合伙企业以每一个合伙人为纳税义务人。合伙企业合伙人是自然人的，缴纳个人所得税；合伙人是法人和其他组织的，缴纳企业所得税。

三、合伙企业生产经营所得和其他所得采取"先分后税"的原则。具体应纳税所得额的计算按照《关于个人独资企业和合伙企业投资者征收个人所得税的规定》（财税〔2000〕91号）及《财政部 国家税务总局关于调整个体工商户个人独资企业和合伙企业个人所得税税前扣除标准有关问题的通知》（财税〔2008〕65号）的有关规定执行。

前款所称生产经营所得和其他所得，包括合伙企业分配给所有

合伙人的所得和企业当年留存的所得（利润）。

四、合伙企业的合伙人按照下列原则确定应纳税所得额：

（一）合伙企业的合伙人以合伙企业的生产经营所得和其他所得，按照合伙协议约定的分配比例确定应纳税所得额。

（二）合伙协议未约定或者约定不明确的，以全部生产经营所得和其他所得，按照合伙人协商决定的分配比例确定应纳税所得额。

（三）协商不成的，以全部生产经营所得和其他所得，按照合伙人实缴出资比例确定应纳税所得额。

（四）无法确定出资比例的，以全部生产经营所得和其他所得，按照合伙人数量平均计算每个合伙人的应纳税所得额。

合伙协议不得约定将全部利润分配给部分合伙人。

五、合伙企业的合伙人是法人和其他组织的，合伙人在计算其缴纳企业所得税时，不得用合伙企业的亏损抵减其盈利。

六、上述规定自2008年1月1日起执行。此前规定与本通知有抵触的，以本通知为准。

中华人民共和国企业破产法

（2006年8月27日第十届全国人民代表大会常务委员会第二十三次会议通过 2006年8月27日中华人民共和国主席令第54号公布 自2007年6月1日起施行）

第一章 总 则

第一条 为规范企业破产程序，公平清理债权债务，保护债权人和债务人的合法权益，维护社会主义市场经济秩序，制定本法。

第二条 企业法人不能清偿到期债务，并且资产不足以清偿全部债务或者明显缺乏清偿能力的，依照本法规定清理债务。

企业法人有前款规定情形，或者有明显丧失清偿能力可能的，可以依照本法规定进行重整。

第三条 破产案件由债务人住所地人民法院管辖。

第四条 破产案件审理程序，本法没有规定的，适用民事诉讼法的有关规定。

第五条 依照本法开始的破产程序，对债务人在中华人民共和国领域外的财产发生效力。

对外国法院作出的发生法律效力的破产案件的判决、裁定，涉及债务人在中华人民共和国领域内的财产，申请或者请求人民法院承认和执行的，人民法院依照中华人民共和国缔结或者参加的国际条约，或者按照互惠原则进行审查，认为不违反中华人民共和国法律的基本原则，不损害国家主权、安全和社会公共利益，不损害中华人民共和国领域内债权人的合法权益的，裁定承认和执行。

第六条 人民法院审理破产案件，应当依法保障企业职工的合法权益，依法追究破产企业经营管理人员的法律责任。

第二章　申请和受理

第一节　申　　请

第七条 债务人有本法第二条规定的情形，可以向人民法院提出重整、和解或者破产清算申请。

债务人不能清偿到期债务，债权人可以向人民法院提出对债务人进行重整或者破产清算的申请。

企业法人已解散但未清算或者未清算完毕，资产不足以清偿债务的，依法负有清算责任的人应当向人民法院申请破产清算。

第八条 向人民法院提出破产申请，应当提交破产申请书和有关证据。

破产申请书应当载明下列事项：

（一）申请人、被申请人的基本情况；

（二）申请目的；

（三）申请的事实和理由；

（四）人民法院认为应当载明的其他事项。

债务人提出申请的，还应当向人民法院提交财产状况说明、债务清册、债权清册、有关财务会计报告、职工安置预案以及职工工资的支付和社会保险费用的缴纳情况。

第九条 人民法院受理破产申请前，申请人可以请求撤回申请。

第二节 受 理

第十条 债权人提出破产申请的，人民法院应当自收到申请之日起五日内通知债务人。债务人对申请有异议的，应当自收到人民法院的通知之日起七日内向人民法院提出。人民法院应当自异议期满之日起十日内裁定是否受理。

除前款规定的情形外，人民法院应当自收到破产申请之日起十五日内裁定是否受理。

有特殊情况需要延长前两款规定的裁定受理期限的，经上一级人民法院批准，可以延长十五日。

第十一条 人民法院受理破产申请的，应当自裁定作出之日起五日内送达申请人。

债权人提出申请的，人民法院应当自裁定作出之日起五日内送达债务人。债务人应当自裁定送达之日起十五日内，向人民法院提交财产状况说明、债务清册、债权清册、有关财务会计报告以及职工工资的支付和社会保险费用的缴纳情况。

第十二条 人民法院裁定不受理破产申请的，应当自裁定作出之日起五日内送达申请人并说明理由。申请人对裁定不服的，可以自裁定送达之日起十日内向上一级人民法院提起上诉。

人民法院受理破产申请后至破产宣告前，经审查发现债务人不符合本法第二条规定情形的，可以裁定驳回申请。申请人对裁定不服的，可以自裁定送达之日起十日内向上一级人民法院提起上诉。

第十三条 人民法院裁定受理破产申请的，应当同时指定管理人。

第十四条 人民法院应当自裁定受理破产申请之日起二十五日内通知已知债权人，并予以公告。

通知和公告应当载明下列事项：

（一）申请人、被申请人的名称或者姓名；

（二）人民法院受理破产申请的时间；

（三）申报债权的期限、地点和注意事项；

（四）管理人的名称或者姓名及其处理事务的地址；

（五）债务人的债务人或者财产持有人应当向管理人清偿债务或者交付财产的要求；

（六）第一次债权人会议召开的时间和地点；

（七）人民法院认为应当通知和公告的其他事项。

第十五条 自人民法院受理破产申请的裁定送达债务人之日起至破产程序终结之日，债务人的有关人员承担下列义务：

（一）妥善保管其占有和管理的财产、印章和账簿、文书等资料；

（二）根据人民法院、管理人的要求进行工作，并如实回答询问；

（三）列席债权人会议并如实回答债权人的询问；

（四）未经人民法院许可，不得离开住所地；

（五）不得新任其他企业的董事、监事、高级管理人员。

前款所称有关人员，是指企业的法定代表人；经人民法院决定，可以包括企业的财务管理人员和其他经营管理人员。

第十六条 人民法院受理破产申请后，债务人对个别债权人的债务清偿无效。

第十七条 人民法院受理破产申请后，债务人的债务人或者财产持有人应当向管理人清偿债务或者交付财产。

债务人的债务人或者财产持有人故意违反前款规定向债务人清

偿债务或者交付财产，使债权人受到损失的，不免除其清偿债务或者交付财产的义务。

第十八条 人民法院受理破产申请后，管理人对破产申请受理前成立而债务人和对方当事人均未履行完毕的合同有权决定解除或者继续履行，并通知对方当事人。管理人自破产申请受理之日起二个月内未通知对方当事人，或者自收到对方当事人催告之日起三十日内未答复的，视为解除合同。

管理人决定继续履行合同的，对方当事人应当履行；但是，对方当事人有权要求管理人提供担保。管理人不提供担保的，视为解除合同。

第十九条 人民法院受理破产申请后，有关债务人财产的保全措施应当解除，执行程序应当中止。

第二十条 人民法院受理破产申请后，已经开始而尚未终结的有关债务人的民事诉讼或者仲裁应当中止；在管理人接管债务人的财产后，该诉讼或者仲裁继续进行。

第二十一条 人民法院受理破产申请后，有关债务人的民事诉讼，只能向受理破产申请的人民法院提起。

第三章 管 理 人

第二十二条 管理人由人民法院指定。

债权人会议认为管理人不能依法、公正执行职务或者有其他不能胜任职务情形的，可以申请人民法院予以更换。

指定管理人和确定管理人报酬的办法，由最高人民法院规定。

第二十三条 管理人依照本法规定执行职务，向人民法院报告工作，并接受债权人会议和债权人委员会的监督。

管理人应当列席债权人会议，向债权人会议报告职务执行情况，并回答询问。

第二十四条 管理人可以由有关部门、机构的人员组成的清算组或者依法设立的律师事务所、会计师事务所、破产清算事务所等社会中介机构担任。

人民法院根据债务人的实际情况,可以在征询有关社会中介机构的意见后,指定该机构具备相关专业知识并取得执业资格的人员担任管理人。

有下列情形之一的,不得担任管理人:

(一)因故意犯罪受过刑事处罚;

(二)曾被吊销相关专业执业证书;

(三)与本案有利害关系;

(四)人民法院认为不宜担任管理人的其他情形。

个人担任管理人的,应当参加执业责任保险。

第二十五条 管理人履行下列职责:

(一)接管债务人的财产、印章和账簿、文书等资料;

(二)调查债务人财产状况,制作财产状况报告;

(三)决定债务人的内部管理事务;

(四)决定债务人的日常开支和其他必要开支;

(五)在第一次债权人会议召开之前,决定继续或者停止债务人的营业;

(六)管理和处分债务人的财产;

(七)代表债务人参加诉讼、仲裁或者其他法律程序;

(八)提议召开债权人会议;

(九)人民法院认为管理人应当履行的其他职责。

本法对管理人的职责另有规定的,适用其规定。

第二十六条 在第一次债权人会议召开之前,管理人决定继续或者停止债务人的营业或者有本法第六十九条规定行为之一的,应当经人民法院许可。

第二十七条 管理人应当勤勉尽责,忠实执行职务。

第二十八条 管理人经人民法院许可,可以聘用必要的工作人员。

管理人的报酬由人民法院确定。债权人会议对管理人的报酬有异议的，有权向人民法院提出。

第二十九条 管理人没有正当理由不得辞去职务。管理人辞去职务应当经人民法院许可。

第四章 债务人财产

第三十条 破产申请受理时属于债务人的全部财产，以及破产申请受理后至破产程序终结前债务人取得的财产，为债务人财产。

第三十一条 人民法院受理破产申请前一年内，涉及债务人财产的下列行为，管理人有权请求人民法院予以撤销：

（一）无偿转让财产的；

（二）以明显不合理的价格进行交易的；

（三）对没有财产担保的债务提供财产担保的；

（四）对未到期的债务提前清偿的；

（五）放弃债权的。

第三十二条 人民法院受理破产申请前六个月内，债务人有本法第二条第一款规定的情形，仍对个别债权人进行清偿的，管理人有权请求人民法院予以撤销。但是，个别清偿使债务人财产受益的除外。

第三十三条 涉及债务人财产的下列行为无效：

（一）为逃避债务而隐匿、转移财产的；

（二）虚构债务或者承认不真实的债务的。

第三十四条 因本法第三十一条、第三十二条或者第三十三条规定的行为而取得的债务人的财产，管理人有权追回。

第三十五条 人民法院受理破产申请后，债务人的出资人尚未完全履行出资义务的，管理人应当要求该出资人缴纳所认缴的出资，而不受出资期限的限制。

第三十六条 债务人的董事、监事和高级管理人员利用职权从企业获取的非正常收入和侵占的企业财产,管理人应当追回。

第三十七条 人民法院受理破产申请后,管理人可以通过清偿债务或者提供为债权人接受的担保,取回质物、留置物。

前款规定的债务清偿或者替代担保,在质物或者留置物的价值低于被担保的债权额时,以该质物或者留置物当时的市场价值为限。

第三十八条 人民法院受理破产申请后,债务人占有的不属于债务人的财产,该财产的权利人可以通过管理人取回。但是,本法另有规定的除外。

第三十九条 人民法院受理破产申请时,出卖人已将买卖标的物向作为买受人的债务人发运,债务人尚未收到且未付清全部价款的,出卖人可以取回在运途中的标的物。但是,管理人可以支付全部价款,请求出卖人交付标的物。

第四十条 债权人在破产申请受理前对债务人负有债务的,可以向管理人主张抵销。但是,有下列情形之一的,不得抵销:

(一)债务人的债务人在破产申请受理后取得他人对债务人的债权的;

(二)债权人已知债务人有不能清偿到期债务或者破产申请的事实,对债务人负担债务的;但是,债权人因为法律规定或者有破产申请一年前所发生的原因而负担债务的除外;

(三)债务人的债务人已知债务人有不能清偿到期债务或者破产申请的事实,对债务人取得债权的;但是,债务人的债务人因为法律规定或者有破产申请一年前所发生的原因而取得债权的除外。

第五章 破产费用和共益债务

第四十一条 人民法院受理破产申请后发生的下列费用,为破产费用:

（一）破产案件的诉讼费用；

（二）管理、变价和分配债务人财产的费用；

（三）管理人执行职务的费用、报酬和聘用工作人员的费用。

第四十二条 人民法院受理破产申请后发生的下列债务，为共益债务：

（一）因管理人或者债务人请求对方当事人履行双方均未履行完毕的合同所产生的债务；

（二）债务人财产受无因管理所产生的债务；

（三）因债务人不当得利所产生的债务；

（四）为债务人继续营业而应支付的劳动报酬和社会保险费用以及由此产生的其他债务；

（五）管理人或者相关人员执行职务致人损害所产生的债务；

（六）债务人财产致人损害所产生的债务。

第四十三条 破产费用和共益债务由债务人财产随时清偿。

债务人财产不足以清偿所有破产费用和共益债务的，先行清偿破产费用。

债务人财产不足以清偿所有破产费用或者共益债务的，按照比例清偿。

债务人财产不足以清偿破产费用的，管理人应当提请人民法院终结破产程序。人民法院应当自收到请求之日起十五日内裁定终结破产程序，并予以公告。

第六章　债权申报

第四十四条 人民法院受理破产申请时对债务人享有债权的债权人，依照本法规定的程序行使权利。

第四十五条 人民法院受理破产申请后，应当确定债权人申报债权的期限。债权申报期限自人民法院发布受理破产申请公告之日起计算，最短不得少于三十日，最长不得超过三个月。

第四十六条 未到期的债权，在破产申请受理时视为到期。

附利息的债权自破产申请受理时起停止计息。

第四十七条 附条件、附期限的债权和诉讼、仲裁未决的债权，债权人可以申报。

第四十八条 债权人应当在人民法院确定的债权申报期限内向管理人申报债权。

债务人所欠职工的工资和医疗、伤残补助、抚恤费用，所欠的应当划入职工个人账户的基本养老保险、基本医疗保险费用，以及法律、行政法规规定应当支付给职工的补偿金，不必申报，由管理人调查后列出清单并予以公示。职工对清单记载有异议的，可以要求管理人更正；管理人不予更正的，职工可以向人民法院提起诉讼。

第四十九条 债权人申报债权时，应当书面说明债权的数额和有无财产担保，并提交有关证据。申报的债权是连带债权的，应当说明。

第五十条 连带债权人可以由其中一人代表全体连带债权人申报债权，也可以共同申报债权。

第五十一条 债务人的保证人或者其他连带债务人已经代替债务人清偿债务的，以其对债务人的求偿权申报债权。

债务人的保证人或者其他连带债务人尚未代替债务人清偿债务的，以其对债务人的将来求偿权申报债权。但是，债权人已经向管理人申报全部债权的除外。

第五十二条 连带债务人数人被裁定适用本法规定的程序的，其债权人有权就全部债权分别在各破产案件中申报债权。

第五十三条 管理人或者债务人依照本法规定解除合同的，对方当事人以因合同解除所产生的损害赔偿请求权申报债权。

第五十四条 债务人是委托合同的委托人，被裁定适用本法规定的程序，受托人不知该事实，继续处理委托事务的，受托人以由此产生的请求权申报债权。

第五十五条 债务人是票据的出票人,被裁定适用本法规定的程序,该票据的付款人继续付款或者承兑的,付款人以由此产生的请求权申报债权。

第五十六条 在人民法院确定的债权申报期限内,债权人未申报债权的,可以在破产财产最后分配前补充申报;但是,此前已进行的分配,不再对其补充分配。为审查和确认补充申报债权的费用,由补充申报人承担。

债权人未依照本法规定申报债权的,不得依照本法规定的程序行使权利。

第五十七条 管理人收到债权申报材料后,应当登记造册,对申报的债权进行审查,并编制债权表。

债权表和债权申报材料由管理人保存,供利害关系人查阅。

第五十八条 依照本法第五十七条规定编制的债权表,应当提交第一次债权人会议核查。

债务人、债权人对债权表记载的债权无异议的,由人民法院裁定确认。

债务人、债权人对债权表记载的债权有异议的,可以向受理破产申请的人民法院提起诉讼。

第七章 债权人会议

第一节 一般规定

第五十九条 依法申报债权的债权人为债权人会议的成员,有权参加债权人会议,享有表决权。

债权尚未确定的债权人,除人民法院能够为其行使表决权而临时确定债权额的外,不得行使表决权。

对债务人的特定财产享有担保权的债权人,未放弃优先受偿权利的,对于本法第六十一条第一款第七项、第十项规定的事项不享有表决权。

债权人可以委托代理人出席债权人会议,行使表决权。代理人出席债权人会议,应当向人民法院或者债权人会议主席提交债权人的授权委托书。

债权人会议应当有债务人的职工和工会的代表参加,对有关事项发表意见。

第六十条 债权人会议设主席一人,由人民法院从有表决权的债权人中指定。

债权人会议主席主持债权人会议。

第六十一条 债权人会议行使下列职权:

(一)核查债权;

(二)申请人民法院更换管理人,审查管理人的费用和报酬;

(三)监督管理人;

(四)选任和更换债权人委员会成员;

(五)决定继续或者停止债务人的营业;

(六)通过重整计划;

(七)通过和解协议;

(八)通过债务人财产的管理方案;

(九)通过破产财产的变价方案;

(十)通过破产财产的分配方案;

(十一)人民法院认为应当由债权人会议行使的其他职权。

债权人会议应当对所议事项的决议作成会议记录。

第六十二条 第一次债权人会议由人民法院召集,自债权申报期限届满之日起十五日内召开。

以后的债权人会议,在人民法院认为必要时,或者管理人、债权人委员会、占债权总额四分之一以上的债权人向债权人会议主席提议时召开。

第六十三条 召开债权人会议,管理人应当提前十五日通知已知的债权人。

第六十四条 债权人会议的决议,由出席会议的有表决权的债权人过半数通过,并且其所代表的债权额占无财产担保债权总额的二分之一以上。但是,本法另有规定的除外。

债权人认为债权人会议的决议违反法律规定,损害其利益的,可以自债权人会议作出决议之日起十五日内,请求人民法院裁定撤销该决议,责令债权人会议依法重新作出决议。

债权人会议的决议,对于全体债权人均有约束力。

第六十五条 本法第六十一条第一款第八项、第九项所列事项,经债权人会议表决未通过的,由人民法院裁定。

本法第六十一条第一款第十项所列事项,经债权人会议二次表决仍未通过的,由人民法院裁定。

对前两款规定的裁定,人民法院可以在债权人会议上宣布或者另行通知债权人。

第六十六条 债权人对人民法院依照本法第六十五条第一款作出的裁定不服的,债权额占无财产担保债权总额二分之一以上的债权人对人民法院依照本法第六十五条第二款作出的裁定不服的,可以自裁定宣布之日或者收到通知之日起十五日内向该人民法院申请复议。复议期间不停止裁定的执行。

第二节 债权人委员会

第六十七条 债权人会议可以决定设立债权人委员会。债权人委员会由债权人会议选任的债权人代表和一名债务人的职工代表或者工会代表组成。债权人委员会成员不得超过九人。

债权人委员会成员应当经人民法院书面决定认可。

第六十八条 债权人委员会行使下列职权:
(一) 监督债务人财产的管理和处分;
(二) 监督破产财产分配;

（三）提议召开债权人会议；

（四）债权人会议委托的其他职权。

债权人委员会执行职务时，有权要求管理人、债务人的有关人员对其职权范围内的事务作出说明或者提供有关文件。

管理人、债务人的有关人员违反本法规定拒绝接受监督的，债权人委员会有权就监督事项请求人民法院作出决定；人民法院应当在五日内作出决定。

第六十九条 管理人实施下列行为，应当及时报告债权人委员会：

（一）涉及土地、房屋等不动产权益的转让；

（二）探矿权、采矿权、知识产权等财产权的转让；

（三）全部库存或者营业的转让；

（四）借款；

（五）设定财产担保；

（六）债权和有价证券的转让；

（七）履行债务人和对方当事人均未履行完毕的合同；

（八）放弃权利；

（九）担保物的取回；

（十）对债权人利益有重大影响的其他财产处分行为。

未设立债权人委员会的，管理人实施前款规定的行为应当及时报告人民法院。

第八章 重 整

第一节 重整申请和重整期间

第七十条 债务人或者债权人可以依照本法规定，直接向人民法院申请对债务人进行重整。

债权人申请对债务人进行破产清算的,在人民法院受理破产申请后、宣告债务人破产前,债务人或者出资额占债务人注册资本十分之一以上的出资人,可以向人民法院申请重整。

第七十一条 人民法院经审查认为重整申请符合本法规定的,应当裁定债务人重整,并予以公告。

第七十二条 自人民法院裁定债务人重整之日起至重整程序终止,为重整期间。

第七十三条 在重整期间,经债务人申请,人民法院批准,债务人可以在管理人的监督下自行管理财产和营业事务。

有前款规定情形的,依照本法规定已接管债务人财产和营业事务的管理人应当向债务人移交财产和营业事务,本法规定的管理人的职权由债务人行使。

第七十四条 管理人负责管理财产和营业事务的,可以聘任债务人的经营管理人员负责营业事务。

第七十五条 在重整期间,对债务人的特定财产享有的担保权暂停行使。但是,担保物有损坏或者价值明显减少的可能,足以危害担保权人权利的,担保权人可以向人民法院请求恢复行使担保权。

在重整期间,债务人或者管理人为继续营业而借款的,可以为该借款设定担保。

第七十六条 债务人合法占有的他人财产,该财产的权利人在重整期间要求取回的,应当符合事先约定的条件。

第七十七条 在重整期间,债务人的出资人不得请求投资收益分配。

在重整期间,债务人的董事、监事、高级管理人员不得向第三人转让其持有的债务人的股权。但是,经人民法院同意的除外。

第七十八条 在重整期间,有下列情形之一的,经管理人或者利害关系人请求,人民法院应当裁定终止重整程序,并宣告债务人破产:

(一)债务人的经营状况和财产状况继续恶化,缺乏挽救的可能性；

（二）债务人有欺诈、恶意减少债务人财产或者其他显著不利于债权人的行为；

（三）由于债务人的行为致使管理人无法执行职务。

第二节　重整计划的制定和批准

第七十九条　债务人或者管理人应当自人民法院裁定债务人重整之日起六个月内，同时向人民法院和债权人会议提交重整计划草案。

前款规定的期限届满，经债务人或者管理人请求，有正当理由的，人民法院可以裁定延期三个月。

债务人或者管理人未按期提出重整计划草案的，人民法院应当裁定终止重整程序，并宣告债务人破产。

第八十条　债务人自行管理财产和营业事务的，由债务人制作重整计划草案。

管理人负责管理财产和营业事务的，由管理人制作重整计划草案。

第八十一条　重整计划草案应当包括下列内容：

（一）债务人的经营方案；

（二）债权分类；

（三）债权调整方案；

（四）债权受偿方案；

（五）重整计划的执行期限；

（六）重整计划执行的监督期限；

（七）有利于债务人重整的其他方案。

第八十二条　下列各类债权的债权人参加讨论重整计划草案的债权人会议，依照下列债权分类，分组对重整计划草案进行表决：

（一）对债务人的特定财产享有担保权的债权；

（二）债务人所欠职工的工资和医疗、伤残补助、抚恤费用，所欠的应当划入职工个人账户的基本养老保险、基本医疗保险费用，以及法律、行政法规规定应当支付给职工的补偿金；

（三）债务人所欠税款；

（四）普通债权。

人民法院在必要时可以决定在普通债权组中设小额债权组对重整计划草案进行表决。

第八十三条 重整计划不得规定减免债务人欠缴的本法第八十二条第一款第二项规定以外的社会保险费用；该项费用的债权人不参加重整计划草案的表决。

第八十四条 人民法院应当自收到重整计划草案之日起三十日内召开债权人会议，对重整计划草案进行表决。

出席会议的同一表决组的债权人过半数同意重整计划草案，并且其所代表的债权额占该组债权总额的三分之二以上的，即为该组通过重整计划草案。

债务人或者管理人应当向债权人会议就重整计划草案作出说明，并回答询问。

第八十五条 债务人的出资人代表可以列席讨论重整计划草案的债权人会议。

重整计划草案涉及出资人权益调整事项的，应当设出资人组，对该事项进行表决。

第八十六条 各表决组均通过重整计划草案时，重整计划即为通过。

自重整计划通过之日起十日内，债务人或者管理人应当向人民法院提出批准重整计划的申请。人民法院经审查认为符合本法规定的，应当自收到申请之日起三十日内裁定批准，终止重整程序，并予以公告。

第八十七条 部分表决组未通过重整计划草案的，债务人或者管理人可以同未通过重整计划草案的表决组协商。该表决组可以在协商后再表决一次。双方协商的结果不得损害其他表决组的利益。

未通过重整计划草案的表决组拒绝再次表决或者再次表决仍未通过重整计划草案，但重整计划草案符合下列条件的，债务人或者管理人可以申请人民法院批准重整计划草案：

（一）按照重整计划草案，本法第八十二条第一款第一项所列债权就该特定财产将获得全额清偿，其因延期清偿所受的损失将得到公平补偿，并且其担保权未受到实质性损害，或者该表决组已经通过重整计划草案；

（二）按照重整计划草案，本法第八十二条第一款第二项、第三项所列债权将获得全额清偿，或者相应表决组已经通过重整计划草案；

（三）按照重整计划草案，普通债权所获得的清偿比例，不低于其在重整计划草案被提请批准时依照破产清算程序所能获得的清偿比例，或者该表决组已经通过重整计划草案；

（四）重整计划草案对出资人权益的调整公平、公正，或者出资人组已经通过重整计划草案；

（五）重整计划草案公平对待同一表决组的成员，并且所规定的债权清偿顺序不违反本法第一百一十三条的规定；

（六）债务人的经营方案具有可行性。

人民法院经审查认为重整计划草案符合前款规定的，应当自收到申请之日起三十日内裁定批准，终止重整程序，并予以公告。

第八十八条 重整计划草案未获得通过且未依照本法第八十七条的规定获得批准，或者已通过的重整计划未获得批准的，人民法院应当裁定终止重整程序，并宣告债务人破产。

第三节 重整计划的执行

第八十九条 重整计划由债务人负责执行。

人民法院裁定批准重整计划后，已接管财产和营业事务的管理人应当向债务人移交财产和营业事务。

第九十条 自人民法院裁定批准重整计划之日起,在重整计划规定的监督期内,由管理人监督重整计划的执行。

在监督期内,债务人应当向管理人报告重整计划执行情况和债务人财务状况。

第九十一条 监督期届满时,管理人应当向人民法院提交监督报告。自监督报告提交之日起,管理人的监督职责终止。

管理人向人民法院提交的监督报告,重整计划的利害关系人有权查阅。

经管理人申请,人民法院可以裁定延长重整计划执行的监督期限。

第九十二条 经人民法院裁定批准的重整计划,对债务人和全体债权人均有约束力。

债权人未依照本法规定申报债权的,在重整计划执行期间不得行使权利;在重整计划执行完毕后,可以按照重整计划规定的同类债权的清偿条件行使权利。

债权人对债务人的保证人和其他连带债务人所享有的权利,不受重整计划的影响。

第九十三条 债务人不能执行或者不执行重整计划的,人民法院经管理人或者利害关系人请求,应当裁定终止重整计划的执行,并宣告债务人破产。

人民法院裁定终止重整计划执行的,债权人在重整计划中作出的债权调整的承诺失去效力。债权人因执行重整计划所受的清偿仍然有效,债权未受清偿的部分作为破产债权。

前款规定的债权人,只有在其他同顺位债权人同自己所受的清偿达到同一比例时,才能继续接受分配。

有本条第一款规定情形的,为重整计划的执行提供的担保继续有效。

第九十四条 按照重整计划减免的债务,自重整计划执行完毕时起,债务人不再承担清偿责任。

第九章　和　　解

第九十五条　债务人可以依照本法规定，直接向人民法院申请和解；也可以在人民法院受理破产申请后、宣告债务人破产前，向人民法院申请和解。

债务人申请和解，应当提出和解协议草案。

第九十六条　人民法院经审查认为和解申请符合本法规定的，应当裁定和解，予以公告，并召集债权人会议讨论和解协议草案。

对债务人的特定财产享有担保权的权利人，自人民法院裁定和解之日起可以行使权利。

第九十七条　债权人会议通过和解协议的决议，由出席会议的有表决权的债权人过半数同意，并且其所代表的债权额占无财产担保债权总额的三分之二以上。

第九十八条　债权人会议通过和解协议的，由人民法院裁定认可，终止和解程序，并予以公告。管理人应当向债务人移交财产和营业事务，并向人民法院提交执行职务的报告。

第九十九条　和解协议草案经债权人会议表决未获得通过，或者已经债权人会议通过的和解协议未获得人民法院认可的，人民法院应当裁定终止和解程序，并宣告债务人破产。

第一百条　经人民法院裁定认可的和解协议，对债务人和全体和解债权人均有约束力。

和解债权人是指人民法院受理破产申请时对债务人享有无财产担保债权的人。

和解债权人未依照本法规定申报债权的，在和解协议执行期间不得行使权利；在和解协议执行完毕后，可以按照和解协议规定的清偿条件行使权利。

第一百零一条　和解债权人对债务人的保证人和其他连带债务

人所享有的权利,不受和解协议的影响。

第一百零二条 债务人应当按照和解协议规定的条件清偿债务。

第一百零三条 因债务人的欺诈或者其他违法行为而成立的和解协议,人民法院应当裁定无效,并宣告债务人破产。

有前款规定情形的,和解债权人因执行和解协议所受的清偿,在其他债权人所受清偿同等比例的范围内,不予返还。

第一百零四条 债务人不能执行或者不执行和解协议的,人民法院经和解债权人请求,应当裁定终止和解协议的执行,并宣告债务人破产。

人民法院裁定终止和解协议执行的,和解债权人在和解协议中作出的债权调整的承诺失去效力。和解债权人因执行和解协议所受的清偿仍然有效,和解债权未受清偿的部分作为破产债权。

前款规定的债权人,只有在其他债权人同自己所受的清偿达到同一比例时,才能继续接受分配。

有本条第一款规定情形的,为和解协议的执行提供的担保继续有效。

第一百零五条 人民法院受理破产申请后,债务人与全体债权人就债权债务的处理自行达成协议的,可以请求人民法院裁定认可,并终结破产程序。

第一百零六条 按照和解协议减免的债务,自和解协议执行完毕时起,债务人不再承担清偿责任。

第十章 破产清算

第一节 破产宣告

第一百零七条 人民法院依照本法规定宣告债务人破产的,应当自裁定作出之日起五日内送达债务人和管理人,自裁定作出之日起十日内通知已知债权人,并予以公告。

债务人被宣告破产后,债务人称为破产人,债务人财产称为破产财产,人民法院受理破产申请时对债务人享有的债权称为破产债权。

第一百零八条 破产宣告前,有下列情形之一的,人民法院应当裁定终结破产程序,并予以公告:

(一)第三人为债务人提供足额担保或者为债务人清偿全部到期债务的;

(二)债务人已清偿全部到期债务的。

第一百零九条 对破产人的特定财产享有担保权的权利人,对该特定财产享有优先受偿的权利。

第一百一十条 享有本法第一百零九条规定权利的债权人行使优先受偿权利未能完全受偿的,其未受偿的债权作为普通债权;放弃优先受偿权利的,其债权作为普通债权。

第二节 变价和分配

第一百一十一条 管理人应当及时拟订破产财产变价方案,提交债权人会议讨论。

管理人应当按照债权人会议通过的或者人民法院依照本法第六十五条第一款规定裁定的破产财产变价方案,适时变价出售破产财产。

第一百一十二条 变价出售破产财产应当通过拍卖进行。但是,债权人会议另有决议的除外。

破产企业可以全部或者部分变价出售。企业变价出售时,可以将其中的无形资产和其他财产单独变价出售。

按照国家规定不能拍卖或者限制转让的财产,应当按照国家规定的方式处理。

第一百一十三条 破产财产在优先清偿破产费用和共益债务后,依照下列顺序清偿:

（一）破产人所欠职工的工资和医疗、伤残补助、抚恤费用，所欠的应当划入职工个人账户的基本养老保险、基本医疗保险费用，以及法律、行政法规规定应当支付给职工的补偿金；

（二）破产人欠缴的除前项规定以外的社会保险费用和破产人所欠税款；

（三）普通破产债权。

破产财产不足以清偿同一顺序的清偿要求的，按照比例分配。

破产企业的董事、监事和高级管理人员的工资按照该企业职工的平均工资计算。

第一百一十四条 破产财产的分配应当以货币分配方式进行。但是，债权人会议另有决议的除外。

第一百一十五条 管理人应当及时拟订破产财产分配方案，提交债权人会议讨论。

破产财产分配方案应当载明下列事项：

（一）参加破产财产分配的债权人名称或者姓名、住所；

（二）参加破产财产分配的债权额；

（三）可供分配的破产财产数额；

（四）破产财产分配的顺序、比例及数额；

（五）实施破产财产分配的方法。

债权人会议通过破产财产分配方案后，由管理人将该方案提请人民法院裁定认可。

第一百一十六条 破产财产分配方案经人民法院裁定认可后，由管理人执行。

管理人按照破产财产分配方案实施多次分配的，应当公告本次分配的财产额和债权额。管理人实施最后分配的，应当在公告中指明，并载明本法第一百一十七条第二款规定的事项。

第一百一十七条 对于附生效条件或者解除条件的债权，管理人应当将其分配额提存。

管理人依照前款规定提存的分配额，在最后分配公告日，生效条件未成就或者解除条件成就的，应当分配给其他债权人；在最后分配公告日，生效条件成就或者解除条件未成就的，应当交付给债权人。

第一百一十八条 债权人未受领的破产财产分配额，管理人应当提存。债权人自最后分配公告之日起满二个月仍不领取的，视为放弃受领分配的权利，管理人或者人民法院应当将提存的分配额分配给其他债权人。

第一百一十九条 破产财产分配时，对于诉讼或者仲裁未决的债权，管理人应当将其分配额提存。自破产程序终结之日起满二年仍不能受领分配的，人民法院应当将提存的分配额分配给其他债权人。

第三节　破产程序的终结

第一百二十条 破产人无财产可供分配的，管理人应当请求人民法院裁定终结破产程序。

管理人在最后分配完结后，应当及时向人民法院提交破产财产分配报告，并提请人民法院裁定终结破产程序。

人民法院应当自收到管理人终结破产程序的请求之日起十五日内作出是否终结破产程序的裁定。裁定终结的，应当予以公告。

第一百二十一条 管理人应当自破产程序终结之日起十日内，持人民法院终结破产程序的裁定，向破产人的原登记机关办理注销登记。

第一百二十二条 管理人于办理注销登记完毕的次日终止执行职务。但是，存在诉讼或者仲裁未决情况的除外。

第一百二十三条 自破产程序依照本法第四十三条第四款或者第一百二十条的规定终结之日起二年内，有下列情形之一的，债权人可以请求人民法院按照破产财产分配方案进行追加分配：

（一）发现有依照本法第三十一条、第三十二条、第三十三条、第三十六条规定应当追回的财产的；

（二）发现破产人有应当供分配的其他财产的。

有前款规定情形,但财产数量不足以支付分配费用的,不再进行追加分配,由人民法院将其上交国库。

第一百二十四条 破产人的保证人和其他连带债务人,在破产程序终结后,对债权人依照破产清算程序未受清偿的债权,依法继续承担清偿责任。

第十一章 法律责任

第一百二十五条 企业董事、监事或者高级管理人员违反忠实义务、勤勉义务,致使所在企业破产的,依法承担民事责任。

有前款规定情形的人员,自破产程序终结之日起三年内不得担任任何企业的董事、监事、高级管理人员。

第一百二十六条 有义务列席债权人会议的债务人的有关人员,经人民法院传唤,无正当理由拒不列席债权人会议的,人民法院可以拘传,并依法处以罚款。债务人的有关人员违反本法规定,拒不陈述、回答,或者作虚假陈述、回答的,人民法院可以依法处以罚款。

第一百二十七条 债务人违反本法规定,拒不向人民法院提交或者提交不真实的财产状况说明、债务清册、债权清册、有关财务会计报告以及职工工资的支付情况和社会保险费用的缴纳情况的,人民法院可以对直接责任人员依法处以罚款。

债务人违反本法规定,拒不向管理人移交财产、印章和账簿、文书等资料的,或者伪造、销毁有关财产证据材料而使财产状况不明的,人民法院可以对直接责任人员依法处以罚款。

第一百二十八条 债务人有本法第三十一条、第三十二条、第三十三条规定的行为,损害债权人利益的,债务人的法定代表人和其他直接责任人员依法承担赔偿责任。

第一百二十九条 债务人的有关人员违反本法规定,擅自离开住所地的,人民法院可以予以训诫、拘留,可以依法并处罚款。

第一百三十条 管理人未依照本法规定勤勉尽责,忠实执行职务的,人民法院可以依法处以罚款;给债权人、债务人或者第三人造成损失的,依法承担赔偿责任。

第一百三十一条 违反本法规定,构成犯罪的,依法追究刑事责任。

第十二章 附 则

第一百三十二条 本法施行后,破产人在本法公布之日前所欠职工的工资和医疗、伤残补助、抚恤费用,所欠的应当划入职工个人账户的基本养老保险、基本医疗保险费用,以及法律、行政法规规定应当支付给职工的补偿金,依照本法第一百一十三条的规定清偿后不足以清偿的部分,以本法第一百零九条规定的特定财产优先于对该特定财产享有担保权的权利人受偿。

第一百三十三条 在本法施行前国务院规定的期限和范围内的国有企业实施破产的特殊事宜,按照国务院有关规定办理。

第一百三十四条 商业银行、证券公司、保险公司等金融机构有本法第二条规定情形的,国务院金融监督管理机构可以向人民法院提出对该金融机构进行重整或者破产清算的申请。国务院金融监督管理机构依法对出现重大经营风险的金融机构采取接管、托管等措施的,可以向人民法院申请中止以该金融机构为被告或者被执行人的民事诉讼程序或者执行程序。

金融机构实施破产的,国务院可以依据本法和其他有关法律的规定制定实施办法。

第一百三十五条 其他法律规定企业法人以外的组织的清算,属于破产清算的,参照适用本法规定的程序。

第一百三十六条 本法自2007年6月1日起施行,《中华人民共和国企业破产法(试行)》同时废止。

最高人民法院关于适用《中华人民共和国企业破产法》若干问题的规定（一）

（2011年8月29日最高人民法院审判委员会第1527次会议通过　2011年9月9日最高人民法院公告公布　自2011年9月26日起施行　法释〔2011〕22号）

为正确适用《中华人民共和国企业破产法》，结合审判实践，就人民法院依法受理企业破产案件适用法律问题作出如下规定。

第一条　债务人不能清偿到期债务并且具有下列情形之一的，人民法院应当认定其具备破产原因：

（一）资产不足以清偿全部债务；

（二）明显缺乏清偿能力。

相关当事人以对债务人的债务负有连带责任的人未丧失清偿能力为由，主张债务人不具备破产原因的，人民法院应不予支持。

第二条　下列情形同时存在的，人民法院应当认定债务人不能清偿到期债务：

（一）债权债务关系依法成立；

（二）债务履行期限已经届满；

（三）债务人未完全清偿债务。

第三条　债务人的资产负债表，或者审计报告、资产评估报告等显示其全部资产不足以偿付全部负债的，人民法院应当认定债务人资产不足以清偿全部债务，但有相反证据足以证明债务人资产能够偿付全部负债的除外。

第四条　债务人账面资产虽大于负债，但存在下列情形之一的，人民法院应当认定其明显缺乏清偿能力：

（一）因资金严重不足或者财产不能变现等原因，无法清偿债务；

（二）法定代表人下落不明且无其他人员负责管理财产，无法清偿债务；

（三）经人民法院强制执行，无法清偿债务；

（四）长期亏损且经营扭亏困难，无法清偿债务；

（五）导致债务人丧失清偿能力的其他情形。

第五条 企业法人已解散但未清算或者未在合理期限内清算完毕，债权人申请债务人破产清算的，除债务人在法定异议期限内举证证明其未出现破产原因外，人民法院应当受理。

第六条 债权人申请债务人破产的，应当提交债务人不能清偿到期债务的有关证据。债务人对债权人的申请未在法定期限内向人民法院提出异议，或者异议不成立的，人民法院应当依法裁定受理破产申请。

受理破产申请后，人民法院应当责令债务人依法提交其财产状况说明、债务清册、债权清册、财务会计报告等有关材料，债务人拒不提交的，人民法院可以对债务人的直接责任人员采取罚款等强制措施。

第七条 人民法院收到破产申请时，应当向申请人出具收到申请及所附证据的书面凭证。

人民法院收到破产申请后应当及时对申请人的主体资格、债务人的主体资格和破产原因，以及有关材料和证据等进行审查，并依据企业破产法第十条的规定作出是否受理的裁定。

人民法院认为申请人应当补充、补正相关材料的，应当自收到破产申请之日起五日内告知申请人。当事人补充、补正相关材料的期间不计入企业破产法第十条规定的期限。

第八条 破产案件的诉讼费用，应根据企业破产法第四十三条的规定，从债务人财产中拨付。相关当事人以申请人未预先交纳诉讼费用为由，对破产申请提出异议的，人民法院不予支持。

第九条 申请人向人民法院提出破产申请,人民法院未接收其申请,或者未按本规定第七条执行的,申请人可以向上一级人民法院提出破产申请。

上一级人民法院接到破产申请后,应当责令下级法院依法审查并及时作出是否受理的裁定;下级法院仍不作出是否受理裁定的,上一级人民法院可以径行作出裁定。

上一级人民法院裁定受理破产申请的,可以同时指令下级人民法院审理该案件。

最高人民法院关于适用《中华人民共和国企业破产法》若干问题的规定(二)

(2013年7月29日最高人民法院审判委员会第1586次会议通过 根据2020年12月23日最高人民法院审判委员会第1823次会议通过的《最高人民法院关于修改〈最高人民法院关于破产企业国有划拨土地使用权应否列入破产财产等问题的批复〉等二十九件商事类司法解释的决定》修正 2020年12月29日最高人民法院公告公布 自2021年1月1日起施行 法释〔2020〕18号)

根据《中华人民共和国民法典》《中华人民共和国企业破产法》等相关法律,结合审判实践,就人民法院审理企业破产案件中认定债务人财产相关的法律适用问题,制定本规定。

第一条 除债务人所有的货币、实物外,债务人依法享有的可以用货币估价并可以依法转让的债权、股权、知识产权、用益物权等财产和财产权益,人民法院均应认定为债务人财产。

第二条 下列财产不应认定为债务人财产：

（一）债务人基于仓储、保管、承揽、代销、借用、寄存、租赁等合同或者其他法律关系占有、使用的他人财产；

（二）债务人在所有权保留买卖中尚未取得所有权的财产；

（三）所有权专属于国家且不得转让的财产；

（四）其他依照法律、行政法规不属于债务人的财产。

第三条 债务人已依法设定担保物权的特定财产，人民法院应当认定为债务人财产。

对债务人的特定财产在担保物权消灭或者实现担保物权后的剩余部分，在破产程序中可用以清偿破产费用、共益债务和其他破产债权。

第四条 债务人对按份享有所有权的共有财产的相关份额，或者共同享有所有权的共有财产的相应财产权利，以及依法分割共有财产所得部分，人民法院均应认定为债务人财产。

人民法院宣告债务人破产清算，属于共有财产分割的法定事由。人民法院裁定债务人重整或者和解的，共有财产的分割应当依据民法典第三百零三条的规定进行；基于重整或者和解的需要必须分割共有财产，管理人请求分割的，人民法院应予准许。

因分割共有财产导致其他共有人损害产生的债务，其他共有人请求作为共益债务清偿的，人民法院应予支持。

第五条 破产申请受理后，有关债务人财产的执行程序未依照企业破产法第十九条的规定中止的，采取执行措施的相关单位应当依法予以纠正。依法执行回转的财产，人民法院应当认定为债务人财产。

第六条 破产申请受理后，对于可能因有关利益相关人的行为或者其他原因，影响破产程序依法进行的，受理破产申请的人民法院可以根据管理人的申请或者依职权，对债务人的全部或者部分财产采取保全措施。

第七条 对债务人财产已采取保全措施的相关单位，在知悉人民法院已裁定受理有关债务人的破产申请后，应当依照企业破产法第十九条的规定及时解除对债务人财产的保全措施。

第八条 人民法院受理破产申请后至破产宣告前裁定驳回破产申请，或者依据企业破产法第一百零八条的规定裁定终结破产程序的，应当及时通知原已采取保全措施并已依法解除保全措施的单位按照原保全顺位恢复相关保全措施。

在已依法解除保全的单位恢复保全措施或者表示不再恢复之前，受理破产申请的人民法院不得解除对债务人财产的保全措施。

第九条 管理人依据企业破产法第三十一条和第三十二条的规定提起诉讼，请求撤销涉及债务人财产的相关行为并由相对人返还债务人财产的，人民法院应予支持。

管理人因过错未依法行使撤销权导致债务人财产不当减损，债权人提起诉讼主张管理人对其损失承担相应赔偿责任的，人民法院应予支持。

第十条 债务人经过行政清理程序转入破产程序的，企业破产法第三十一条和第三十二条规定的可撤销行为的起算点，为行政监管机构作出撤销决定之日。

债务人经过强制清算程序转入破产程序的，企业破产法第三十一条和第三十二条规定的可撤销行为的起算点，为人民法院裁定受理强制清算申请之日。

第十一条 人民法院根据管理人的请求撤销涉及债务人财产的以明显不合理价格进行的交易的，买卖双方应当依法返还从对方获取的财产或者价款。

因撤销该交易，对于债务人应返还受让人已支付价款所产生的债务，受让人请求作为共益债务清偿的，人民法院应予支持。

第十二条 破产申请受理前一年内债务人提前清偿的未到期债务，在破产申请受理前已经到期，管理人请求撤销该清偿行为的，人民法院不予支持。但是，该清偿行为发生在破产申请受理前六个月内且债务人有企业破产法第二条第一款规定情形的除外。

第十三条 破产申请受理后，管理人未依据企业破产法第三十一条的规定请求撤销债务人无偿转让财产、以明显不合理价格交易、放弃债权行为的，债权人依据民法典第五百三十八条、第五百三十九条等规定提起诉讼，请求撤销债务人上述行为并将因此追回的财产归入债务人财产的，人民法院应予受理。

相对人以债权人行使撤销权的范围超出债权人的债权抗辩的，人民法院不予支持。

第十四条 债务人对以自有财产设定担保物权的债权进行的个别清偿，管理人依据企业破产法第三十二条的规定请求撤销的，人民法院不予支持。但是，债务清偿时担保财产的价值低于债权额的除外。

第十五条 债务人经诉讼、仲裁、执行程序对债权人进行的个别清偿，管理人依据企业破产法第三十二条的规定请求撤销的，人民法院不予支持。但是，债务人与债权人恶意串通损害其他债权人利益的除外。

第十六条 债务人对债权人进行的以下个别清偿，管理人依据企业破产法第三十二条的规定请求撤销的，人民法院不予支持：

（一）债务人为维系基本生产需要而支付水费、电费等的；

（二）债务人支付劳动报酬、人身损害赔偿金的；

（三）使债务人财产受益的其他个别清偿。

第十七条 管理人依据企业破产法第三十三条的规定提起诉讼，主张被隐匿、转移财产的实际占有人返还债务人财产，或者主张债务人虚构债务或者承认不真实债务的行为无效并返还债务人财产的，人民法院应予支持。

第十八条 管理人代表债务人依据企业破产法第一百二十八条的规定，以债务人的法定代表人和其他直接责任人员对所涉债务人财产的相关行为存在故意或者重大过失，造成债务人财产损失为由提起诉讼，主张上述责任人员承担相应赔偿责任的，人民法院应予支持。

第十九条 债务人对外享有债权的诉讼时效，自人民法院受理破产申请之日起中断。

债务人无正当理由未对其到期债权及时行使权利，导致其对外债权在破产申请受理前一年内超过诉讼时效期间的，人民法院受理破产申请之日起重新计算上述债权的诉讼时效期间。

第二十条 管理人代表债务人提起诉讼，主张出资人向债务人依法缴付未履行的出资或者返还抽逃的出资本息，出资人以认缴出资尚未届至公司章程规定的缴纳期限或者违反出资义务已经超过诉讼时效为由抗辩的，人民法院不予支持。

管理人依据公司法的相关规定代表债务人提起诉讼，主张公司的发起人和负有监督股东履行出资义务的董事、高级管理人员，或者协助抽逃出资的其他股东、董事、高级管理人员、实际控制人等，对股东违反出资义务或者抽逃出资承担相应责任，并将财产归入债务人财产的，人民法院应予支持。

第二十一条 破产申请受理前，债权人就债务人财产提起下列诉讼，破产申请受理时案件尚未审结的，人民法院应当中止审理：

（一）主张次债务人代替债务人直接向其偿还债务的；

（二）主张债务人的出资人、发起人和负有监督股东履行出资义务的董事、高级管理人员，或者协助抽逃出资的其他股东、董事、高级管理人员、实际控制人等直接向其承担出资不实或者抽逃出资责任的；

（三）以债务人的股东与债务人法人人格严重混同为由，主张债务人的股东直接向其偿还债务人对其所负债务的；

（四）其他就债务人财产提起的个别清偿诉讼。

债务人破产宣告后，人民法院应当依照企业破产法第四十四条的规定判决驳回债权人的诉讼请求。但是，债权人一审中变更其诉讼请求为追收的相关财产归入债务人财产的除外。

债务人破产宣告前，人民法院依据企业破产法第十二条或者第一百零八条的规定裁定驳回破产申请或者终结破产程序的，上述中止审理的案件应当依法恢复审理。

第二十二条 破产申请受理前，债权人就债务人财产向人民法院提起本规定第二十一条第一款所列诉讼，人民法院已经作出生效民事判决书或者调解书但尚未执行完毕的，破产申请受理后，相关执行行为应当依据企业破产法第十九条的规定中止，债权人应当依法向管理人申报相关债权。

第二十三条 破产申请受理后,债权人就债务人财产向人民法院提起本规定第二十一条第一款所列诉讼的,人民法院不予受理。

债权人通过债权人会议或者债权人委员会,要求管理人依法向次债务人、债务人的出资人等追收债务人财产,管理人无正当理由拒绝追收,债权人会议依据企业破产法第二十二条的规定,申请人民法院更换管理人的,人民法院应予支持。

管理人不予追收,个别债权人代表全体债权人提起相关诉讼,主张次债务人或者债务人的出资人等向债务人清偿或者返还债务人财产,或者依法申请合并破产的,人民法院应予受理。

第二十四条 债务人有企业破产法第二条第一款规定的情形时,债务人的董事、监事和高级管理人员利用职权获取的以下收入,人民法院应当认定为企业破产法第三十六条规定的非正常收入:

(一)绩效奖金;

(二)普遍拖欠职工工资情况下获取的工资性收入;

(三)其他非正常收入。

债务人的董事、监事和高级管理人员拒不向管理人返还上述债务人财产,管理人主张上述人员予以返还的,人民法院应予支持。

债务人的董事、监事和高级管理人员因返还第一款第(一)项、第(三)项非正常收入形成的债权,可以作为普通破产债权清偿。因返还第一款第(二)项非正常收入形成的债权,依据企业破产法第一百一十三条第三款的规定,按照该企业职工平均工资计算的部分作为拖欠职工工资清偿;高出该企业职工平均工资计算的部分,可以作为普通破产债权清偿。

第二十五条 管理人拟通过清偿债务或者提供担保取回质物、留置物,或者与质权人、留置权人协议以质物、留置物折价清偿债务等方式,进行对债权人利益有重大影响的财产处分行为的,应当及时报告债权人委员会。未设立债权人委员会的,管理人应当及时报告人民法院。

第二十六条 权利人依据企业破产法第三十八条的规定行使取回权,应当在破产财产变价方案或者和解协议、重整计划草案提交债权人会议表决前向管理人提出。权利人在上述期限后主张取回相关财产的,应当承担延迟行使取回权增加的相关费用。

第二十七条 权利人依据企业破产法第三十八条的规定向管理人主张取回相关财产,管理人不予认可,权利人以债务人为被告向人民法院提起诉讼请求行使取回权的,人民法院应予受理。

权利人依据人民法院或者仲裁机关的相关生效法律文书向管理人主张取回所涉争议财产,管理人以生效法律文书错误为由拒绝其行使取回权的,人民法院不予支持。

第二十八条 权利人行使取回权时未依法向管理人支付相关的加工费、保管费、托运费、委托费、代销费等费用,管理人拒绝其取回相关财产的,人民法院应予支持。

第二十九条 对债务人占有的权属不清的鲜活易腐等不易保管的财产或者不及时变现价值将严重贬损的财产,管理人及时变价并提存变价款后,有关权利人就该变价款行使取回权的,人民法院应予支持。

第三十条 债务人占有的他人财产被违法转让给第三人,依据民法典第三百一十一条的规定第三人已善意取得财产所有权,原权利人无法取回该财产的,人民法院应当按照以下规定处理:

(一)转让行为发生在破产申请受理前的,原权利人因财产损失形成的债权,作为普通破产债权清偿;

(二)转让行为发生在破产申请受理后的,因管理人或者相关人员执行职务导致原权利人损害产生的债务,作为共益债务清偿。

第三十一条 债务人占有的他人财产被违法转让给第三人,第三人已向债务人支付了转让价款,但依据民法典第三百一十一条的规定未取得财产所有权,原权利人依法追回转让财产的,对因第三人已支付对价而产生的债务,人民法院应当按照以下规定处理:

(一)转让行为发生在破产申请受理前的,作为普通破产债权清偿；

（二）转让行为发生在破产申请受理后的，作为共益债务清偿。

第三十二条 债务人占有的他人财产毁损、灭失，因此获得的保险金、赔偿金、代偿物尚未交付给债务人，或者代偿物虽已交付给债务人但能与债务人财产予以区分的，权利人主张取回就此获得的保险金、赔偿金、代偿物的，人民法院应予支持。

保险金、赔偿金已经交付给债务人，或者代偿物已经交付给债务人且不能与债务人财产予以区分的，人民法院应当按照以下规定处理：

（一）财产毁损、灭失发生在破产申请受理前的，权利人因财产损失形成的债权，作为普通破产债权清偿；

（二）财产毁损、灭失发生在破产申请受理后的，因管理人或者相关人员执行职务导致权利人损害产生的债务，作为共益债务清偿。

债务人占有的他人财产毁损、灭失，没有获得相应的保险金、赔偿金、代偿物，或者保险金、赔偿物、代偿物不足以弥补其损失的部分，人民法院应当按照本条第二款的规定处理。

第三十三条 管理人或者相关人员在执行职务过程中，因故意或者重大过失不当转让他人财产或者造成他人财产毁损、灭失，导致他人损害产生的债务作为共益债务，由债务人财产随时清偿不足弥补损失，权利人向管理人或者相关人员主张承担补充赔偿责任的，人民法院应予支持。

上述债务作为共益债务由债务人财产随时清偿后，债权人以管理人或者相关人员执行职务不当导致债务人财产减少给其造成损失为由提起诉讼，主张管理人或者相关人员承担相应赔偿责任的，人民法院应予支持。

第三十四条 买卖合同双方当事人在合同中约定标的物所有权保留，在标的物所有权未依法转移给买受人前，一方当事人破产的，该买卖合同属于双方均未履行完毕的合同，管理人有权依据企业破产法第十八条的规定决定解除或者继续履行合同。

第三十五条 出卖人破产，其管理人决定继续履行所有权保留买卖合同的，买受人应当按照原买卖合同的约定支付价款或者履行其他义务。

买受人未依约支付价款或者履行完毕其他义务，或者将标的物出卖、出质或作出其他不当处分，给出卖人造成损害，出卖人管理人依法主张取回标的物的，人民法院应予支持。但是，买受人已经支付标的物总价款百分之七十五以上或者第三人善意取得标的物所有权或者其他物权的除外。

因本条第二款规定未能取回标的物，出卖人管理人依法主张买受人继续支付价款、履行完毕其他义务，以及承担相应赔偿责任的，人民法院应予支持。

第三十六条 出卖人破产，其管理人决定解除所有权保留买卖合同，并依据企业破产法第十七条的规定要求买受人向其交付买卖标的物的，人民法院应予支持。

买受人以其不存在未依约支付价款或者履行完毕其他义务，或者将标的物出卖、出质或者作出其他不当处分情形抗辩的，人民法院不予支持。

买受人依法履行合同义务并依据本条第一款将买卖标的物交付出卖人管理人后，买受人已支付价款损失形成的债权作为共益债务清偿。但是，买受人违反合同约定，出卖人管理人主张上述债权作为普通破产债权清偿的，人民法院应予支持。

第三十七条 买受人破产，其管理人决定继续履行所有权保留买卖合同的，原买卖合同中约定的买受人支付价款或者履行其他义务的期限在破产申请受理时视为到期，买受人管理人应当及时向出卖人支付价款或者履行其他义务。

买受人管理人无正当理由未及时支付价款或者履行完毕其他义务，或者将标的物出卖、出质或者作出其他不当处分，给出卖人造成损害，出卖人依据民法典第六百四十一条等规定主张取回标的物的，人民法院应予支持。但是，买受人已支付标的物总价款百分之七十五以上或者第三人善意取得标的物所有权或者其他物权的除外。

因本条第二款规定未能取回标的物，出卖人依法主张买受人继续支付价款、履行完毕其他义务，以及承担相应赔偿责任的，人民法院应予支持。对因买受人未支付价款或者未履行完毕其他义务，以及买受人管理人将标的物出卖、出质或者作出其他不当处分导致出卖人损害产生的债务，出卖人主张作为共益债务清偿的，人民法院应予支持。

第三十八条 买受人破产，其管理人决定解除所有权保留买卖合同，出卖人依据企业破产法第三十八条的规定主张取回买卖标的物的，人民法院应予支持。

出卖人取回买卖标的物，买受人管理人主张出卖人返还已支付价款的，人民法院应予支持。取回的标的物价值明显减少给出卖人造成损失的，出卖人可从买受人已支付价款中优先予以抵扣后，将剩余部分返还给买受人；对买受人已支付价款不足以弥补出卖人标的物价值减损损失形成的债权，出卖人主张作为共益债务清偿的，人民法院应予支持。

第三十九条 出卖人依据企业破产法第三十九条的规定，通过通知承运人或者实际占有人中止运输、返还货物、变更到达地，或者将货物交给其他收货人等方式，对在运途中标的物主张了取回权但未能实现，或者在货物未达管理人前已向管理人主张取回在运途中标的物，在买卖标的物到达管理人后，出卖人向管理人主张取回的，管理人应予准许。

出卖人对在运途中标的物未及时行使取回权，在买卖标的物到达管理人后向管理人行使在运途中标的物取回权的，管理人不应准许。

第四十条 债务人重整期间，权利人要求取回债务人合法占有的权利人的财产，不符合双方事先约定条件的，人民法院不予支持。但是，因管理人或者自行管理的债务人违反约定，可能导致取回物被转让、毁损、灭失或者价值明显减少的除外。

第四十一条 债权人依据企业破产法第四十条的规定行使抵销权，应当向管理人提出抵销主张。

管理人不得主动抵销债务人与债权人的互负债务，但抵销使债务人财产受益的除外。

第四十二条 管理人收到债权人提出的主张债务抵销的通知后，经审查无异议的，抵销自管理人收到通知之日起生效。

管理人对抵销主张有异议的，应当在约定的异议期限内或者自收到主张债务抵销的通知之日起三个月内向人民法院提起诉讼。无正当理由逾期提起的，人民法院不予支持。

人民法院判决驳回管理人提起的抵销无效诉讼请求的，该抵销自管理人收到主张债务抵销的通知之日起生效。

第四十三条 债权人主张抵销，管理人以下列理由提出异议的，人民法院不予支持：

（一）破产申请受理时，债务人对债权人负有的债务尚未到期；

（二）破产申请受理时，债权人对债务人负有的债务尚未到期；

（三）双方互负债务标的物种类、品质不同。

第四十四条 破产申请受理前六个月内，债务人有企业破产法第二条第一款规定的情形，债务人与个别债权人以抵销方式对个别债权人清偿，其抵销的债权债务属于企业破产法第四十条第（二）、（三）项规定的情形之一，管理人在破产申请受理之日起三个月内向人民法院提起诉讼，主张该抵销无效的，人民法院应予支持。

第四十五条 企业破产法第四十条所列不得抵销情形的债权人，主张以其对债务人特定财产享有优先受偿权的债权，与债务人对其不享有优先受偿权的债权抵销，债务人管理人以抵销存在企业破产法第四十条规定的情形提出异议的，人民法院不予支持。但是，用以抵销的债权大于债权人享有优先受偿权财产价值的除外。

第四十六条 债务人的股东主张以下列债务与债务人对其负有的债务抵销，债务人管理人提出异议的，人民法院应予支持：

（一）债务人股东因欠缴债务人的出资或者抽逃出资对债务人所负的债务；

（二）债务人股东滥用股东权利或者关联关系损害公司利益对债务人所负的债务。

第四十七条 人民法院受理破产申请后，当事人提起的有关债务人的民事诉讼案件，应当依据企业破产法第二十一条的规定，由受理破产申请的人民法院管辖。

受理破产申请的人民法院管辖的有关债务人的第一审民事案件，可以依据民事诉讼法第三十八条的规定，由上级人民法院提审，或者报请上级人民法院批准后交下级人民法院审理。

受理破产申请的人民法院，如对有关债务人的海事纠纷、专利纠纷、证券市场因虚假陈述引发的民事赔偿纠纷等案件不能行使管辖权的，可以依据民事诉讼法第三十七条的规定，由上级人民法院指定管辖。

第四十八条 本规定施行前本院发布的有关企业破产的司法解释，与本规定相抵触的，自本规定施行之日起不再适用。

最高人民法院关于适用《中华人民共和国企业破产法》若干问题的规定（三）

（2019年2月25日最高人民法院审判委员会第1762次会议通过　根据2020年12月23日最高人民法院审判委员会第1823次会议通过的《最高人民法院关于修改〈最高人民法院关于破产企业国有划拨土地使用权应否列入破产财产等问题的批复〉等二十九件商事类司法解释的决定》修正　2020年12月29日最高人民法院公告公布　自2021年1月1日起施行　法释〔2020〕18号）

为正确适用《中华人民共和国企业破产法》，结合审判实践，就人民法院审理企业破产案件中有关债权人权利行使等相关法律适用问题，制定本规定。

第一条 人民法院裁定受理破产申请的，此前债务人尚未支付的公司强制清算费用、未终结的执行程序中产生的评估费、公告费、保管费等执行费用，可以参照企业破产法关于破产费用的规定，由债务人财产随时清偿。

此前债务人尚未支付的案件受理费、执行申请费，可以作为破产债权清偿。

第二条 破产申请受理后，经债权人会议决议通过，或者第一次债权人会议召开前经人民法院许可，管理人或者自行管理的债务人可以为债务人继续营业而借款。提供借款的债权人主张参照企业破产法第四十二条第四项的规定优先于普通破产债权清偿的，人民法院应予支持，但其主张优先于此前已就债务人特定财产享有担保的债权清偿的，人民法院不予支持。

管理人或者自行管理的债务人可以为前述借款设定抵押担保，抵押物在破产申请受理前已为其他债权人设定抵押的，债权人主张按照民法典第四百一十四条规定的顺序清偿，人民法院应予支持。

第三条 破产申请受理后，债务人欠缴款项产生的滞纳金，包括债务人未履行生效法律文书应当加倍支付的迟延利息和劳动保险金的滞纳金，债权人作为破产债权申报的，人民法院不予确认。

第四条 保证人被裁定进入破产程序的，债权人有权申报其对保证人的保证债权。

主债务未到期的，保证债权在保证人破产申请受理时视为到期。一般保证的保证人主张行使先诉抗辩权的，人民法院不予支持，但债权人在一般保证人破产程序中的分配额应予提存，待一般保证人应承担的保证责任确定后再按照破产清偿比例予以分配。

保证人被确定应当承担保证责任的，保证人的管理人可以就保证人实际承担的清偿额向主债务人或其他债务人行使求偿权。

第五条 债务人、保证人均被裁定进入破产程序的，债权人有权向债务人、保证人分别申报债权。

债权人向债务人、保证人均申报全部债权的，从一方破产程序中获得清偿后，其对另一方的债权额不作调整，但债权人的受偿额不得超出其债权总额。保证人履行保证责任后不再享有求偿权。

第六条 管理人应当依照企业破产法第五十七条的规定对所申报的债权进行登记造册，详尽记载申报人的姓名、单位、代理人、申报债权额、担保情况、证据、联系方式等事项，形成债权申报登记册。

管理人应当依照企业破产法第五十七条的规定对债权的性质、数额、担保财产、是否超过诉讼时效期间、是否超过强制执行期间等情况进行审查、编制债权表并提交债权人会议核查。

债权表、债权申报登记册及债权申报材料在破产期间由管理人保管，债权人、债务人、债务人职工及其他利害关系人有权查阅。

第七条 已经生效法律文书确定的债权，管理人应当予以确认。

管理人认为债权人据以申报债权的生效法律文书确定的债权错误，或者有证据证明债权人与债务人恶意通过诉讼、仲裁或者公证机关赋予强制执行力公证文书的形式虚构债权债务的，应当依法通过审判监督程序向作出该判决、裁定、调解书的人民法院或者上一级人民法院申请撤销生效法律文书，或者向受理破产申请的人民法院申请撤销或者不予执行仲裁裁决、不予执行公证债权文书后，重新确定债权。

第八条 债务人、债权人对债权表记载的债权有异议的，应当说明理由和法律依据。经管理人解释或调整后，异议人仍然不服的，或者管理人不予解释或调整的，异议人应当在债权人会议核查结束后十五日内向人民法院提起债权确认的诉讼。当事人之间在破产申请受理前订立有仲裁条款或仲裁协议的，应当向选定的仲裁机构申请确认债权债务关系。

第九条 债务人对债权表记载的债权有异议向人民法院提起诉讼的，应将被异议债权人列为被告。债权人对债权表记载的他人债权有异议的，应将被异议债权人列为被告；债权人对债权表记载的本人债权有异议的，应将债务人列为被告。

对同一笔债权存在多个异议人，其他异议人申请参加诉讼的，应当列为共同原告。

第十条 单个债权人有权查阅债务人财产状况报告、债权人会议决议、债权人委员会决议、管理人监督报告等参与破产程序所必需的债务人财务和经营信息资料。管理人无正当理由不予提供的，债权人可以请求人民法院作出决定；人民法院应当在五日内作出决定。

上述信息资料涉及商业秘密的，债权人应当依法承担保密义务或者签署保密协议；涉及国家秘密的应当依照相关法律规定处理。

第十一条 债权人会议的决议除现场表决外，可以由管理人事先将相关决议事项告知债权人，采取通信、网络投票等非现场方式进行表决。采取非现场方式进行表决的，管理人应当在债权人会议召开后的三日内，以信函、电子邮件、公告等方式将表决结果告知参与表决的债权人。

根据企业破产法第八十二条规定，对重整计划草案进行分组表决时，权益因重整计划草案受到调整或者影响的债权人或者股东，有权参加表决；权益未受到调整或者影响的债权人或者股东，参照企业破产法第八十三条的规定，不参加重整计划草案的表决。

第十二条 债权人会议的决议具有以下情形之一，损害债权人利益，债权人申请撤销的，人民法院应予支持：

（一）债权人会议的召开违反法定程序；

（二）债权人会议的表决违反法定程序；

（三）债权人会议的决议内容违法；

（四）债权人会议的决议超出债权人会议的职权范围。

人民法院可以裁定撤销全部或者部分事项决议，责令债权人会议依法重新作出决议。

债权人申请撤销债权人会议决议的，应当提出书面申请。债权人会议采取通信、网络投票等非现场方式进行表决的，债权人申请撤销的期限自债权人收到通知之日起算。

第十三条 债权人会议可以依照企业破产法第六十八条第一款第四项的规定,委托债权人委员会行使企业破产法第六十一条第一款第二、三、五项规定的债权人会议职权。债权人会议不得作出概括性授权,委托其行使债权人会议所有职权。

第十四条 债权人委员会决定所议事项应获得全体成员过半数通过,并作成议事记录。债权人委员会成员对所议事项的决议有不同意见的,应当在记录中载明。

债权人委员会行使职权应当接受债权人会议的监督,以适当的方式向债权人会议及时汇报工作,并接受人民法院的指导。

第十五条 管理人处分企业破产法第六十九条规定的债务人重大财产的,应当事先制作财产管理或者变价方案并提交债权人会议进行表决,债权人会议表决未通过的,管理人不得处分。

管理人实施处分前,应当根据企业破产法第六十九条的规定,提前十日书面报告债权人委员会或者人民法院。债权人委员会可以依照企业破产法第六十八条第二款的规定,要求管理人对处分行为作出相应说明或者提供有关文件依据。

债权人委员会认为管理人实施的处分行为不符合债权人会议通过的财产管理或变价方案的,有权要求管理人纠正。管理人拒绝纠正的,债权人委员会可以请求人民法院作出决定。

人民法院认为管理人实施的处分行为不符合债权人会议通过的财产管理或变价方案的,应当责令管理人停止处分行为。管理人应当予以纠正,或者提交债权人会议重新表决通过后实施。

第十六条 本规定自 2019 年 3 月 28 日起实施。

实施前本院发布的有关企业破产的司法解释,与本规定相抵触的,自本规定实施之日起不再适用。

私募投资基金监督管理条例

(2023年6月16日国务院第8次常务会议通过 2023年7月3日中华人民共和国国务院令第762号公布 自2023年9月1日起施行)

第一章 总 则

第一条 为了规范私募投资基金（以下简称私募基金）业务活动，保护投资者以及相关当事人的合法权益，促进私募基金行业规范健康发展，根据《中华人民共和国证券投资基金法》（以下简称《证券投资基金法》）、《中华人民共和国信托法》、《中华人民共和国公司法》、《中华人民共和国合伙企业法》等法律，制定本条例。

第二条 在中华人民共和国境内，以非公开方式募集资金，设立投资基金或者以进行投资活动为目的依法设立公司、合伙企业，由私募基金管理人或者普通合伙人管理，为投资者的利益进行投资活动，适用本条例。

第三条 国家鼓励私募基金行业规范健康发展，发挥服务实体经济、促进科技创新等功能作用。

从事私募基金业务活动，应当遵循自愿、公平、诚信原则，保护投资者合法权益，不得违反法律、行政法规和国家政策，不得违背公序良俗，不得损害国家利益、社会公共利益和他人合法权益。

私募基金管理人管理、运用私募基金财产，私募基金托管人托管私募基金财产，私募基金服务机构从事私募基金服务业务，应当遵守法律、行政法规规定，恪尽职守，履行诚实守信、谨慎勤勉的义务。

私募基金从业人员应当遵守法律、行政法规规定，恪守职业道德和行为规范，按照规定接受合规和专业能力培训。

第四条 私募基金财产独立于私募基金管理人、私募基金托管人的固有财产。私募基金财产的债务由私募基金财产本身承担，但法律另有规定的除外。

投资者按照基金合同、公司章程、合伙协议（以下统称基金合同）约定分配收益和承担风险。

第五条 私募基金业务活动的监督管理，应当贯彻党和国家路线方针政策、决策部署。国务院证券监督管理机构依照法律和本条例规定对私募基金业务活动实施监督管理，其派出机构依照授权履行职责。

国家对运用一定比例政府资金发起设立或者参股的私募基金的监督管理另有规定的，从其规定。

第六条 国务院证券监督管理机构根据私募基金管理人业务类型、管理资产规模、持续合规情况、风险控制情况和服务投资者能力等，对私募基金管理人实施差异化监督管理，并对创业投资等股权投资、证券投资等不同类型的私募基金实施分类监督管理。

第二章　私募基金管理人和私募基金托管人

第七条 私募基金管理人由依法设立的公司或者合伙企业担任。

以合伙企业形式设立的私募基金，资产由普通合伙人管理的，普通合伙人适用本条例关于私募基金管理人的规定。

私募基金管理人的股东、合伙人以及股东、合伙人的控股股东、实际控制人，控股或者实际控制其他私募基金管理人的，应当符合国务院证券监督管理机构的规定。

第八条 有下列情形之一的，不得担任私募基金管理人，不得成为私募基金管理人的控股股东、实际控制人或者普通合伙人：

（一）本条例第九条规定的情形；

（二）因本条例第十四条第一款第三项所列情形被注销登记，自被注销登记之日起未逾 3 年的私募基金管理人，或者为该私募基金管理人的控股股东、实际控制人、普通合伙人；

（三）从事的业务与私募基金管理存在利益冲突；

（四）有严重不良信用记录尚未修复。

第九条 有下列情形之一的，不得担任私募基金管理人的董事、监事、高级管理人员、执行事务合伙人或者委派代表：

（一）因犯有贪污贿赂、渎职、侵犯财产罪或者破坏社会主义市场经济秩序罪，被判处刑罚；

（二）最近 3 年因重大违法违规行为被金融管理部门处以行政处罚；

（三）对所任职的公司、企业因经营不善破产清算或者因违法被吊销营业执照负有个人责任的董事、监事、厂长、高级管理人员、执行事务合伙人或者委派代表，自该公司、企业破产清算终结或者被吊销营业执照之日起未逾 5 年；

（四）所负债务数额较大，到期未清偿或者被纳入失信被执行人名单；

（五）因违法行为被开除的基金管理人、基金托管人、证券期货交易场所、证券公司、证券登记结算机构、期货公司以及其他机构的从业人员和国家机关工作人员；

（六）因违法行为被吊销执业证书或者被取消资格的律师、注册会计师和资产评估机构、验证机构的从业人员、投资咨询从业人员，自被吊销执业证书或者被取消资格之日起未逾 5 年；

（七）担任因本条例第十四条第一款第三项所列情形被注销登记的私募基金管理人的法定代表人、执行事务合伙人或者委派代表，或者负有责任的高级管理人员，自该私募基金管理人被注销登记之日起未逾 3 年。

第十条 私募基金管理人应当依法向国务院证券监督管理机构委托的机构（以下称登记备案机构）报送下列材料，履行登记手续：

（一）统一社会信用代码；

（二）公司章程或者合伙协议；

（三）股东、实际控制人、董事、监事、高级管理人员，普通合伙人、执行事务合伙人或者委派代表的基本信息，股东、实际控制人、合伙人相关受益所有人信息；

（四）保证报送材料真实、准确、完整和遵守监督管理规定的信用承诺书；

（五）国务院证券监督管理机构规定的其他材料。

私募基金管理人的控股股东、实际控制人、普通合伙人、执行事务合伙人或者委派代表等重大事项发生变更的，应当按照规定向登记备案机构履行变更登记手续。

登记备案机构应当公示已办理登记的私募基金管理人相关信息。

未经登记，任何单位或者个人不得使用"基金"或者"基金管理"字样或者近似名称进行投资活动，但法律、行政法规和国家另有规定的除外。

第十一条 私募基金管理人应当履行下列职责：

（一）依法募集资金，办理私募基金备案；

（二）对所管理的不同私募基金财产分别管理、分别记账，进行投资；

（三）按照基金合同约定管理私募基金并进行投资，建立有效的风险控制制度；

（四）按照基金合同约定确定私募基金收益分配方案，向投资者分配收益；

（五）按照基金合同约定向投资者提供与私募基金管理业务活动相关的信息；

（六）保存私募基金财产管理业务活动的记录、账册、报表和其他有关资料；

（七）国务院证券监督管理机构规定和基金合同约定的其他职责。

以非公开方式募集资金设立投资基金的，私募基金管理人还应当以自己的名义，为私募基金财产利益行使诉讼权利或者实施其他法律行为。

第十二条 私募基金管理人的股东、实际控制人、合伙人不得有下列行为：

（一）虚假出资、抽逃出资、委托他人或者接受他人委托出资；

（二）未经股东会或者董事会决议等法定程序擅自干预私募基金管理人的业务活动；

（三）要求私募基金管理人利用私募基金财产为自己或者他人牟取利益，损害投资者利益；

（四）法律、行政法规和国务院证券监督管理机构规定禁止的其他行为。

第十三条 私募基金管理人应当持续符合下列要求：

（一）财务状况良好，具有与业务类型和管理资产规模相适应的运营资金；

（二）法定代表人、执行事务合伙人或者委派代表、负责投资管理的高级管理人员按照国务院证券监督管理机构规定持有一定比例的私募基金管理人的股权或者财产份额，但国家另有规定的除外；

（三）国务院证券监督管理机构规定的其他要求。

第十四条 私募基金管理人有下列情形之一的，登记备案机构应当及时注销私募基金管理人登记并予以公示：

（一）自行申请注销登记；

（二）依法解散、被依法撤销或者被依法宣告破产；

（三）因非法集资、非法经营等重大违法行为被追究法律责任；

（四）登记之日起12个月内未备案首只私募基金；

（五）所管理的私募基金全部清算后，自清算完毕之日起12个月内未备案新的私募基金；

（六）国务院证券监督管理机构规定的其他情形。

登记备案机构注销私募基金管理人登记前，应当通知私募基金管理人清算私募基金财产或者依法将私募基金管理职责转移给其他经登记的私募基金管理人。

第十五条 除基金合同另有约定外，私募基金财产应当由私募基金托管人托管。私募基金财产不进行托管的，应当明确保障私募基金财产安全的制度措施和纠纷解决机制。

第十六条 私募基金财产进行托管的，私募基金托管人应当依法履行职责。

私募基金托管人应当依法建立托管业务和其他业务的隔离机制，保证私募基金财产的独立和安全。

第三章 资金募集和投资运作

第十七条 私募基金管理人应当自行募集资金，不得委托他人募集资金，但国务院证券监督管理机构另有规定的除外。

第十八条 私募基金应当向合格投资者募集或者转让，单只私募基金的投资者累计不得超过法律规定的人数。私募基金管理人不得采取为单一融资项目设立多只私募基金等方式，突破法律规定的人数限制；不得采取将私募基金份额或者收益权进行拆分转让等方式，降低合格投资者标准。

前款所称合格投资者，是指达到规定的资产规模或者收入水平，并且具备相应的风险识别能力和风险承担能力，其认购金额不低于规定限额的单位和个人。

合格投资者的具体标准由国务院证券监督管理机构规定。

第十九条 私募基金管理人应当向投资者充分揭示投资风险，根据投资者的风险识别能力和风险承担能力匹配不同风险等级的私募基金产品。

第二十条 私募基金不得向合格投资者以外的单位和个人募集或者转让；不得向为他人代持的投资者募集或者转让；不得通过报刊、电台、电视台、互联网等大众传播媒介，电话、短信、即时通讯工具、电子邮件、传单，或者讲座、报告会、分析会等方式向不特定对象宣传推介；不得以虚假、片面、夸大等方式宣传推介；不得以私募基金托管人名义宣传推介；不得向投资者承诺投资本金不受损失或者承诺最低收益。

第二十一条 私募基金管理人运用私募基金财产进行投资的，在以私募基金管理人名义开立账户、列入所投资企业股东名册或者持有其他私募基金财产时，应当注明私募基金名称。

第二十二条 私募基金管理人应当自私募基金募集完毕之日起20个工作日内，向登记备案机构报送下列材料，办理备案：

（一）基金合同；

（二）托管协议或者保障私募基金财产安全的制度措施；

（三）私募基金财产证明文件；

（四）投资者的基本信息、认购金额、持有基金份额的数量及其受益所有人相关信息；

（五）国务院证券监督管理机构规定的其他材料。

私募基金应当具有保障基本投资能力和抗风险能力的实缴募集资金规模。登记备案机构根据私募基金的募集资金规模等情况实施分类公示，对募集的资金总额或者投资者人数达到规定标准的，应当向国务院证券监督管理机构报告。

第二十三条 国务院证券监督管理机构应当建立健全私募基金监测机制，对私募基金及其投资者份额持有情况等进行集中监测，具体办法由国务院证券监督管理机构规定。

第二十四条 私募基金财产的投资包括买卖股份有限公司股份、有限责任公司股权、债券、基金份额、其他证券及其衍生品种以及符合国务院证券监督管理机构规定的其他投资标的。

私募基金财产不得用于经营或者变相经营资金拆借、贷款等业务。私募基金管理人不得以要求地方人民政府承诺回购本金等方式变相增加政府隐性债务。

第二十五条 私募基金的投资层级应当遵守国务院金融管理部门的规定。但符合国务院证券监督管理机构规定条件，将主要基金财产投资于其他私募基金的私募基金不计入投资层级。

创业投资基金、本条例第五条第二款规定私募基金的投资层级,由国务院有关部门规定。

第二十六条 私募基金管理人应当遵循专业化管理原则,聘用具有相应从业经历的高级管理人员负责投资管理、风险控制、合规等工作。

私募基金管理人应当遵循投资者利益优先原则,建立从业人员投资申报、登记、审查、处置等管理制度,防范利益输送和利益冲突。

第二十七条 私募基金管理人不得将投资管理职责委托他人行使。

私募基金管理人委托其他机构为私募基金提供证券投资建议服务的,接受委托的机构应当为《证券投资基金法》规定的基金投资顾问机构。

第二十八条 私募基金管理人应当建立健全关联交易管理制度,不得以私募基金财产与关联方进行不正当交易或者利益输送,不得通过多层嵌套或者其他方式进行隐瞒。

私募基金管理人运用私募基金财产与自己、投资者、所管理的其他私募基金、其实际控制人控制的其他私募基金管理人管理的私募基金,或者与其有重大利害关系的其他主体进行交易的,应当履行基金合同约定的决策程序,并及时向投资者和私募基金托管人提供相关信息。

第二十九条 私募基金管理人应当按照规定聘请会计师事务所对私募基金财产进行审计,向投资者提供审计结果,并报送登记备案机构。

第三十条 私募基金管理人、私募基金托管人及其从业人员不得有下列行为:

(一) 将其固有财产或者他人财产混同于私募基金财产;

(二) 利用私募基金财产或者职务便利,为投资者以外的人牟取利益;

(三) 侵占、挪用私募基金财产;

（四）泄露因职务便利获取的未公开信息，利用该信息从事或者明示、暗示他人从事相关的证券、期货交易活动；

（五）法律、行政法规和国务院证券监督管理机构规定禁止的其他行为。

第三十一条 私募基金管理人在资金募集、投资运作过程中，应当按照国务院证券监督管理机构的规定和基金合同约定，向投资者提供信息。

私募基金财产进行托管的，私募基金管理人应当按照国务院证券监督管理机构的规定和托管协议约定，及时向私募基金托管人提供投资者基本信息、投资标的权属变更证明材料等信息。

第三十二条 私募基金管理人、私募基金托管人及其从业人员提供、报送的信息应当真实、准确、完整，不得有下列行为：

（一）虚假记载、误导性陈述或者重大遗漏；

（二）对投资业绩进行预测；

（三）向投资者承诺投资本金不受损失或者承诺最低收益；

（四）法律、行政法规和国务院证券监督管理机构规定禁止的其他行为。

第三十三条 私募基金管理人、私募基金托管人、私募基金服务机构应当按照国务院证券监督管理机构的规定，向登记备案机构报送私募基金投资运作等信息。登记备案机构应当根据不同私募基金类型，对报送信息的内容、频次等作出规定，并汇总分析私募基金行业情况，向国务院证券监督管理机构报送私募基金行业相关信息。

登记备案机构应当加强风险预警，发现可能存在重大风险的，及时采取措施并向国务院证券监督管理机构报告。

登记备案机构应当对本条第一款规定的信息保密，除法律、行政法规另有规定外，不得对外提供。

第三十四条 因私募基金管理人无法正常履行职责或者出现重大风险等情形，导致私募基金无法正常运作、终止的，由基金合同约定或者有关规定确定的其他专业机构,行使更换私募基金管理人、修改或者提前终止基金合同、组织私募基金清算等职权。

第四章 关于创业投资基金的特别规定

第三十五条 本条例所称创业投资基金,是指符合下列条件的私募基金:

(一)投资范围限于未上市企业,但所投资企业上市后基金所持股份的未转让部分及其配售部分除外;

(二)基金名称包含"创业投资基金"字样,或者在公司、合伙企业经营范围中包含"从事创业投资活动"字样;

(三)基金合同体现创业投资策略;

(四)不使用杠杆融资,但国家另有规定的除外;

(五)基金最低存续期限符合国家有关规定;

(六)国家规定的其他条件。

第三十六条 国家对创业投资基金给予政策支持,鼓励和引导其投资成长性、创新性创业企业,鼓励长期资金投资于创业投资基金。

国务院发展改革部门负责组织拟定促进创业投资基金发展的政策措施。国务院证券监督管理机构和国务院发展改革部门建立健全信息和支持政策共享机制,加强创业投资基金监督管理政策和发展政策的协同配合。登记备案机构应当及时向国务院证券监督管理机构和国务院发展改革部门报送与创业投资基金相关的信息。

享受国家政策支持的创业投资基金,其投资应当符合国家有关规定。

第三十七条 国务院证券监督管理机构对创业投资基金实施区别于其他私募基金的差异化监督管理:

(一)优化创业投资基金营商环境,简化登记备案手续;

（二）对合法募资、合规投资、诚信经营的创业投资基金在资金募集、投资运作、风险监测、现场检查等方面实施差异化监督管理，减少检查频次；

（三）对主要从事长期投资、价值投资、重大科技成果转化的创业投资基金在投资退出等方面提供便利。

第三十八条 登记备案机构在登记备案、事项变更等方面对创业投资基金实施区别于其他私募基金的差异化自律管理。

第五章 监督管理

第三十九条 国务院证券监督管理机构对私募基金业务活动实施监督管理，依法履行下列职责：

（一）制定有关私募基金业务活动监督管理的规章、规则；

（二）对私募基金管理人、私募基金托管人以及其他机构从事私募基金业务活动进行监督管理，对违法行为进行查处；

（三）对登记备案和自律管理活动进行指导、检查和监督；

（四）法律、行政法规规定的其他职责。

第四十条 国务院证券监督管理机构依法履行职责，有权采取下列措施：

（一）对私募基金管理人、私募基金托管人、私募基金服务机构进行现场检查，并要求其报送有关业务资料；

（二）进入涉嫌违法行为发生场所调查取证；

（三）询问当事人和与被调查事件有关的单位和个人，要求其对与被调查事件有关的事项作出说明；

（四）查阅、复制与被调查事件有关的财产权登记、通讯记录等资料；

（五）查阅、复制当事人和与被调查事件有关的单位和个人的证券交易记录、登记过户记录、财务会计资料以及其他有关文件和资料；对可能被转移、隐匿或者毁损的文件和资料，可以予以封存；

（六）依法查询当事人和与被调查事件有关的账户信息；

（七）法律、行政法规规定的其他措施。

为防范私募基金风险，维护市场秩序，国务院证券监督管理机构可以采取责令改正、监管谈话、出具警示函等措施。

第四十一条 国务院证券监督管理机构依法进行监督检查或者调查时，监督检查或者调查人员不得少于2人，并应当出示执法证件和监督检查、调查通知书或者其他执法文书。对监督检查或者调查中知悉的商业秘密、个人隐私，依法负有保密义务。

被检查、调查的单位和个人应当配合国务院证券监督管理机构依法进行的监督检查或者调查，如实提供有关文件和资料，不得拒绝、阻碍和隐瞒。

第四十二条 国务院证券监督管理机构发现私募基金管理人违法违规，或者其内部治理结构和风险控制管理不符合规定的，应当责令限期改正；逾期未改正，或者行为严重危及该私募基金管理人的稳健运行、损害投资者合法权益的，国务院证券监督管理机构可以区别情形，对其采取下列措施：

（一）责令暂停部分或者全部业务；

（二）责令更换董事、监事、高级管理人员、执行事务合伙人或者委派代表，或者限制其权利；

（三）责令负有责任的股东转让股权、负有责任的合伙人转让财产份额，限制负有责任的股东或者合伙人行使权利；

（四）责令私募基金管理人聘请或者指定第三方机构对私募基金财产进行审计，相关费用由私募基金管理人承担。

私募基金管理人违法经营或者出现重大风险，严重危害市场秩序、损害投资者利益的，国务院证券监督管理机构除采取前款规定的措施外，还可以对该私募基金管理人采取指定其他机构接管、通知登记备案机构注销登记等措施。

第四十三条 国务院证券监督管理机构应当将私募基金管理人、

私募基金托管人、私募基金服务机构及其从业人员的诚信信息记入资本市场诚信数据库和全国信用信息共享平台。国务院证券监督管理机构会同国务院有关部门依法建立健全私募基金管理人以及有关责任主体失信联合惩戒制度。

国务院证券监督管理机构会同其他金融管理部门等国务院有关部门和省、自治区、直辖市人民政府建立私募基金监督管理信息共享、统计数据报送和风险处置协作机制。处置风险过程中，有关地方人民政府应当采取有效措施维护社会稳定。

第六章　法律责任

第四十四条　未依照本条例第十条规定履行登记手续，使用"基金"或者"基金管理"字样或者近似名称进行投资活动的，责令改正，没收违法所得，并处违法所得1倍以上5倍以下的罚款；没有违法所得或者违法所得不足100万元的，并处10万元以上100万元以下的罚款。对直接负责的主管人员和其他直接责任人员给予警告，并处3万元以上30万元以下的罚款。

第四十五条　私募基金管理人的股东、实际控制人、合伙人违反本条例第十二条规定的，责令改正，给予警告或者通报批评，没收违法所得，并处违法所得1倍以上5倍以下的罚款；没有违法所得或者违法所得不足100万元的，并处10万元以上100万元以下的罚款。对直接负责的主管人员和其他直接责任人员给予警告或者通报批评，并处3万元以上30万元以下的罚款。

第四十六条　私募基金管理人违反本条例第十三条规定的，责令改正；拒不改正的，给予警告或者通报批评，并处10万元以上100万元以下的罚款，责令其停止私募基金业务活动并予以公告。对直接负责的主管人员和其他直接责任人员给予警告或者通报批评，并处3万元以上30万元以下的罚款。

第四十七条 违反本条例第十六条第二款规定，私募基金托管人未建立业务隔离机制的，责令改正，给予警告或者通报批评，并处 5 万元以上 50 万元以下的罚款。对直接负责的主管人员和其他直接责任人员给予警告或者通报批评，并处 3 万元以上 30 万元以下的罚款。

第四十八条 违反本条例第十七条、第十八条、第二十条关于私募基金合格投资者管理和募集方式等规定的，没收违法所得，并处违法所得 1 倍以上 5 倍以下的罚款；没有违法所得或者违法所得不足 100 万元的，并处 10 万元以上 100 万元以下的罚款。对直接负责的主管人员和其他直接责任人员给予警告，并处 3 万元以上 30 万元以下的罚款。

第四十九条 违反本条例第十九条规定，未向投资者充分揭示投资风险，并误导其投资与其风险识别能力和风险承担能力不匹配的私募基金产品的，给予警告或者通报批评，并处 10 万元以上 30 万元以下的罚款；情节严重的，责令其停止私募基金业务活动并予以公告。对直接负责的主管人员和其他直接责任人员给予警告或者通报批评，并处 3 万元以上 10 万元以下的罚款。

第五十条 违反本条例第二十二条第一款规定，私募基金管理人未对募集完毕的私募基金办理备案的，处 10 万元以上 30 万元以下的罚款。对直接负责的主管人员和其他直接责任人员给予警告，并处 3 万元以上 10 万元以下的罚款。

第五十一条 违反本条例第二十四条第二款规定，将私募基金财产用于经营或者变相经营资金拆借、贷款等业务，或者要求地方人民政府承诺回购本金的，责令改正，给予警告或者通报批评，没收违法所得，并处 10 万元以上 100 万元以下的罚款。对直接负责的主管人员和其他直接责任人员给予警告或者通报批评，并处 3 万元以上 30 万元以下的罚款。

第五十二条 违反本条例第二十六条规定，私募基金管理人未聘用具有相应从业经历的高级管理人员负责投资管理、风险控制、合规等工作，或者未建立从业人员投资申报、登记、审查、处置等管理制度的，责令改正，给予警告或者通报批评，并处10万元以上100万元以下的罚款。对直接负责的主管人员和其他直接责任人员给予警告或者通报批评，并处3万元以上30万元以下的罚款。

第五十三条 违反本条例第二十七条规定，私募基金管理人委托他人行使投资管理职责，或者委托不符合《证券投资基金法》规定的机构提供证券投资建议服务的，责令改正，给予警告或者通报批评，没收违法所得，并处10万元以上100万元以下的罚款。对直接负责的主管人员和其他直接责任人员给予警告或者通报批评，并处3万元以上30万元以下的罚款。

第五十四条 违反本条例第二十八条规定，私募基金管理人从事关联交易的，责令改正，给予警告或者通报批评，没收违法所得，并处10万元以上100万元以下的罚款。对直接负责的主管人员和其他直接责任人员给予警告或者通报批评，并处3万元以上30万元以下的罚款。

第五十五条 私募基金管理人、私募基金托管人及其从业人员有本条例第三十条所列行为之一的，责令改正，给予警告或者通报批评，没收违法所得，并处违法所得1倍以上5倍以下的罚款；没有违法所得或者违法所得不足100万元的，并处10万元以上100万元以下的罚款。对直接负责的主管人员和其他直接责任人员给予警告或者通报批评，并处3万元以上30万元以下的罚款。

第五十六条 私募基金管理人、私募基金托管人及其从业人员未依照本条例规定提供、报送相关信息，或者有本条例第三十二条所列行为之一的，责令改正，给予警告或者通报批评，没收违法所得，并处10万元以上100万元以下的罚款。对直接负责的主管人员和其他直接责任人员给予警告或者通报批评，并处3万元以上30万元以下的罚款。

第五十七条 私募基金服务机构及其从业人员违反法律、行政法规规定，未恪尽职守、勤勉尽责的，责令改正，给予警告或者通报批评,并处 10 万元以上 30 万元以下的罚款;情节严重的,责令其停止私募基金服务业务。对直接负责的主管人员和其他直接责任人员给予警告或者通报批评,并处 3 万元以上 10 万元以下的罚款。

第五十八条 私募基金管理人、私募基金托管人、私募基金服务机构及其从业人员违反本条例或者国务院证券监督管理机构的有关规定,情节严重的,国务院证券监督管理机构可以对有关责任人员采取证券期货市场禁入措施。

拒绝、阻碍国务院证券监督管理机构及其工作人员依法行使监督检查、调查职权,由国务院证券监督管理机构责令改正,处 10 万元以上 100 万元以下的罚款;构成违反治安管理行为的,由公安机关依法给予治安管理处罚;构成犯罪的,依法追究刑事责任。

第五十九条 国务院证券监督管理机构、登记备案机构的工作人员玩忽职守、滥用职权、徇私舞弊或者利用职务便利索取或者收受他人财物的,依法给予处分;构成犯罪的,依法追究刑事责任。

第六十条 违反本条例规定和基金合同约定,依法应当承担民事赔偿责任和缴纳罚款、被没收违法所得,其财产不足以同时支付时,先承担民事赔偿责任。

第七章 附 则

第六十一条 外商投资私募基金管理人的管理办法,由国务院证券监督管理机构会同国务院有关部门依照外商投资法律、行政法规和本条例制定。

境外机构不得直接向境内投资者募集资金设立私募基金,但国家另有规定的除外。

私募基金管理人在境外开展私募基金业务活动,应当符合国家有关规定。

第六十二条 本条例自 2023 年 9 月 1 日起施行。